镜中的老虎

李发荣——著

長江出版傳媒
长江文艺出版社

玉溪市文艺精品创作扶持项目

李发荣

彝族，1988年生于云南峨山，文艺学硕士，云南省作协会员，玉溪市作家协会秘书长，玉溪市评论家协会副主席。诗歌及文学评论见《十月》《星星》《诗选刊》《边疆文学》《滇池》等。现居玉溪。

目　录

第一辑 与时间为敌

第一辑

与时间为敌

象　群

桂花没有落下来。空山。铁锹在持续
挖掘，深入。暗河涌动，失眠的象群
沿河迁移，只是太久的苦难，洗黑了
它们的皮肤。而牙齿坚硬，它们依然
对生活守口如瓶，依然从一条河到另一条河
穿过村庄，穿过白天黑夜，穿过一堆
失散多年的白骨、木栅栏。直到内心的余震
被偷猎者射中，倒地，直到引爆
目光深处的火线，直到坍塌，无路
失眠的象群，终于抵达宽阔
包括我的父亲，这只长期劳损的头象
他背对黑暗，也背对我
呼吸沉重如一台年久失修的木质风箱

2017 年 5 月 2 日

夜的左边

夜晚敲过所有事物的门。它敲开池中的鱼
水里的倒影。它敲开一只猫的耳朵
灯下的流浪汉，不远处消失的萤火
夜晚敲过所有事物的门。它声音低沉
像一把利斧遇到黑暗中的石头，那个
手握寸铁的人，在红蓝警示灯前
削一颗发芽的土豆
流水，浓烟四起。50 度的烈酒无法治愈
夜晚的失眠。空荡荡的药瓶
碾过高速病历本。医院的每一扇窗户
都是紧闭的，包括祖先的灵位
燃烧殆尽的祭品，包括一起交通事故
死里逃生的少数
而那只幸存的石狮子，在桥的另一边
正好与我隔河相望

2017 年 2 月 21 日

岁月无声

一楼的老人去世了
平时紧闭的铁门敞开着
除了小区门口铝盆里烧的
黄纸、松枝和柏叶
今天跟往日没有什么不同
几个男人在楼下默默抽烟
三根清香弥漫在楼道里
白色的樱花落了一地

2019 年 3 月 6 日

行路难

绿型卡车的车轮和我一样高，红灯
生命是耐磨的。它竖立，碾过我的身体
然后，借助一阵风，向右倾斜
一个城市的腹部早已搬运一空，而骨头
坚硬，尘上飞扬。不远处的那个人
白墙上的污点，紧随其后的是一名孕妇
她肚子里那块废弃的生铁，仿佛在纸上
重新练习走路。车轮印明显，下沉
绕道行驶的标志，像一张黄牌，阻断了
猊江和叫魂山一场春雨
让泥泞更近泥泞。路的另一边是刚打开的
雨伞，环卫工人长长的扫帚
橙色的

2017 年 3 月 10 日

落叶下

现在是三月，距离春分还有九天
一楼的声控灯不知是什么时候坏的
落叶依旧在每天剔除季节的枯枝

我记得老人清扫落叶的动作，我知道
她必须手握坚硬才会内心充实
就像在秋天的田野上握着丰收的镰刀
面对成片金黄的小麦

而如今，在两栋建筑之间
她的四棵香樟树下又落满了叶子，风
一吹，叶子就聚到一起，仿佛是在等
另一个人，靠近

2017 年 3 月 11 日

沉默的碾子

舞台后面的碾子，谁也推不动
谁也推不动。磨驴已死，朽木不可雕
只有孩子爬到上面，又下来
只有麻雀落到上面，又飞去
旧石匠老矣，只有食指上的刀痕仍旧清晰

六十年代的谷子没有落地，生根
时事艰难。只有二胡的低鸣
依旧重复着旧时的曲调，在舞台后面
继续上演着人间悲欢离合的哑剧
那尚未成形的利齿，挂在孩子们脸上

只有碾子沉默。钓起红尾鱼的线
弯曲成七十五度，另一个碾子
在寒潭深处

2017 年 3 月 16 日

与时间为敌

他已经八十三，桌上过期的报纸
他看了一遍又一遍。就像熟悉
盐巴和辣椒一样，他张口就能说出
方针政策，指导思想，观点立场
虽然没有人听，但是，这位老人
还是照旧吃完饭就拎着桶出门去
他知道从家门口到电线杆那里的垃圾坑
要走五十八步，回来的时候会多出两步
他记得自家的菜地。那把生锈的短刀
就插在韭菜垄间，等待被拔出
旁边的三座坟，从左往右，依次是
曾祖父、祖父、父亲。碑上的文字已停止生长
草木枯黄。黑白相片已挂在堂屋右侧
而他永远不可能知道，死后要烧成灰
永远不可能知道矮楼上那口黑棺材
最后的命运。他只是习惯了每天
不到九点半就入睡。而早上，他拄着拐杖
从木楼梯一步一步挪下来，时间刚好是七点整

2017 年 3 月 21 日

谒剃头匠

理发店的老伙计去世了，祖父问起他
我们只说，他病了。人老之后，就变成了
植物。衰老已无须再长途跋涉
旧相识已无须再见。蜂窝煤还在，推剪还在
缺齿的梳子还在，大儿子结婚时用的红脸盆
还在，店门口的长凳还在，右上角裂了缝的
镜子还在，透明胶布还在，一分为二的脸
去了哪儿？3 号老背锅，8 号跛脚，13 号自新
他爹，18 号榨油她老倌，23 号老光棍，28 号
终于排到祖父。他有秘而不宣的疼，只对镜中人
开放。一个人的时候，他就与影子搏斗，把风暴
唤回内心。入土可安否？百兽寂静
我又埋掉了三条翻肚皮的金鱼
一片虫蛀的叶子

2019 年 5 月 7 日

时钟和铆钉

由远及近，时钟又开始走动，停滞三天半的世间
安然无恙。内心深处的疮疤被谁无意抠动了一下
眼泪竟婴儿般不止。道路宽阔，人群密集处
坏消息还没有传来，衰老是一生的错事
任何胃都无法消化。甘草的甜，在水中
握拳如石。十二月的小雪，我把心中的利刃
磨钝，穿墙术交还铆钉

2019 年 12 月 11 日

墙上的玫瑰

房间里的女人，习惯了在每天晚上睡觉
之前，对着镜子，挤脸上的粉刺
她无法从镜子里消除年龄，一朵玫瑰的
枯萎之痛。药罐里，满屋的中药
紧闭的门窗，像在等待秋天的果实
很多次，她都想，趁年轻，买一支口红
可以是褐红、梅红。是暖茶红、珠粉红
但是，窗外的酒吧每晚吵得她失眠
除了高速公路上疾驰而过的汽车，饮水机
冷热交替的声音也会使她莫名地烦躁
只有白墙上，那朵盛开的玫瑰
鲜红的花瓣、露水、三片悬在半空的叶子
偶尔，能让她忘记阳台上
每次都要踮起脚才够得着的
晾衣绳

2017 年 4 月 6 日

人去楼空

那里曾经摆放的是床。白色的
枕头、床单。在一面打碎的镜子前
除了缺齿的木梳，发黄的橡皮和白发
只剩下光，细如丝。只剩下墙，薄如纸
一面印着老式相框，长方形的掌纹
一面糊着奖状。还有木楼梯
被丢弃的鞋子，尺码不一。房梁、脊背和灰瓦
还有透过野草根部的星星和月亮。还有
除这间以外的，火柴盒式的老房子
发廊、箍桶匠、三棱的核桃。还有
无家可归的野狗、门神、大红灯笼，石柱上
盛开的牡丹。一切都将夷为平地

2017 年 4 月 16 日

在火车上

天气阴沉，草木稀疏。我们偶尔谈到
临水而居的人家，谈到炊烟

风中，被吹乱的床单，襁褓中的婴儿
手持鱼竿的男人，钓起一根水草

火车从村庄头顶驶过，两只羊，低头吃草
它们的孤独是一半，另一半在泥土深处

穿过隧道，又有一朵桃花盛开
异乡人鞋子里的石头，于铁皮车上静止不动

坐立难安的孕妇，一列减速的火车，正驶入
前方漫长的雨季

2017 年 4 月 23 日

守灵夜

鞭炮声从窗外传来已是凌晨一点
对面四楼的灯还亮着。狗吠深巷中
一只，变成两只、三只
左边，右边，远处，更远处的灯
一盏、两盏、三盏，次第点亮
训斥声、抬脚声、棍棒声、铁链声
惨叫声、指桑骂槐声，此起彼伏
有脚步声如鼠，窸窸窣窣
电动车警报响起，扑灭，响起，又扑灭
有鼠窸窸窣窣。有车轮碾过窨井盖
哐当哐当。前轮哐当，后轮哐当。哐当哐当
有鼠窸窸窣窣。有木鱼举起心跳
嗒，嗒，嗒。老和尚手中的手铎
丁零零，丁零零，丁零零
阿弥陀佛，阿弥陀佛
那个失眠的人刚刚清洗完另一个自己
水落到三楼铝制的遮雨板上

2017 年 5 月 7 日

石头房子

石头。更多的石头，堆积，叠加，砌和
于无声处。那个内心装满石头的人
早已铁石心肠。他的内心，同样装着
经书、盐巴和早出晚归的羊群。是的
他和我一样，耗尽毕生精力，只是为了搜集
石头。用凿子，铁锤反复敲打自己的
内心，沿着山洪、流水和雨
反复敲打陈年的老茧和暴脾气。他要用
石头拼凑一所房子，房子只留一道门
门要留给苹果树。房子只留一扇窗
窗要留给布谷鸟。房顶也要石头
石头也要长出白发，在冬天
那个下着雪的夜晚。是的，他和我一样
也会用枯树枝，在地上画出石头，画出房子
如果有人进去了，他还会画上一缕青烟

2017 年 5 月 9 日

摆　钟

看到了吗，那两棵合欢树。雨，不停地下
不停地下。那个沿街叫卖水豆腐的三轮
夜里，跑哪儿去了？阳台那株黑王子
死于过多的水。我又开始听《向阳花》了
网购的六个啤酒杯，买来已经三个月
只用过两个。冰箱里还剩一颗柠檬
牛奶不喝就过期了，六月的水电没超过
四十，洗发水还有半瓶，小说看到四十二页
午后的时光，闲适，我像一个中年人
躺在为女儿准备的藤编吊篮里，借着回忆
打了一会儿盹

2017 年 6 月 29 日

悲伤的故事

你说，在雪山脚下梦见我。醒来
已记不清梦里都有些什么。从前的日子
会不会随山上的雪化掉，我想不会
你问我最近可好，我说，遇到了一些事
你没有往下问。我说，我们试着
交换一些悲伤的故事吧
比如，11 月骑三轮车摔倒的岳父
年前出车祸的姐姐
比如，接二连三动手术的母亲
你说，没事，一辈子不会一帆风顺
你说，多少，我们已尽力

2020 年 3 月 13 日

坚　硬

谁的身体里住着石头，撞钟的
和尚，在巽峰山下如是庵
定坐，参禅，看山仍是山，看水仍是水
看屠宰场在练江南面，看一棵古柏
透过阳光，一粒松子落于屋后
看雨水怎么穿过台阶，看众生如何在佛前
跪拜，祈愿，忏悔。而他，这个叫
慧空的和尚，依旧，每天撞钟，清扫，掸尘
等后院的苦瓜，开出黄花

2017 年 7 月 2 日

疾病蔓延

霜，降在膝关节深处。行走的拐杖
用反义词把一个人击倒。他可以力不从心
可以失眠，可以幻想一只鸟的羽毛
可以手握利刃。但是，他无法在一口深井中
看到雪，看到子弹垂直的心跳
就像月光，开到一半，突然遭遇了枪声
惊慌失措的，是一头豹子火焰的足迹
守灵者泪水全无的眼睛
如数归还的，是一条鱼气泡里全部的秘密
与己无关的，是空山，一棵倒下的松树

2017 年 7 月 7 日

啄木鸟

不停地啄，表达，倾诉，独白，自言自语
那只啄木鸟，至今，仍未学会口是心非
用胸腔发声，打腹稿。只是树皮坚硬，褶皱
它代替一棵树，说出了全部的痛
隐藏在动词中的骨刺，凹陷的年轮
就像一枚针头，强行进入我的体内，酒精
早已挥发，恐惧是一次性的，没人提醒
那只啄木鸟，四趾紧扣我的胸膛
它试图用尖喙啄出一个缺口
把钻进我心底的秘密，一一取出，如同
荒野、古木

2017 年 7 月 9 日

铁轨睡在枕木上

铁轨睡在枕木上，除草的农夫戴着草帽
火车迟迟未到，它正穿过城市的头颅
心脏、肝肺，直抵阿喀琉斯之踵
最后的出口迟迟未到，火车迟迟未到
农夫放倒梯子，把自己放在两截横木
之间。田埂上，一节移动的火车，逆向驶来
左右两边高起的房屋，像一把，又一把
废弃的空椅子，等待被认领

2017 年 7 月 10 日

旧日子

瓦片是旧的。屋漏偏逢连夜雨是旧的。白瓷碗是旧的
红喜盆是旧的。墙上的报纸是旧的
蚊帐是旧的。床头的长椅是旧的。床尾的长椅是旧的
大头皮鞋是旧的。黄花梨柜子是旧的
梳妆台是旧的。镜中人是旧的。白头发是旧的
皮箱是旧的。户口簿是旧的
苍蝇是旧的。老鼠洞是旧的。玉米粒是旧的
灶台是旧的。铁锅是旧的。盐巴是旧的
火塘是旧的。三块石头是旧的。鬼故事是旧的
黑白电视机是旧的。十五瓦的灯泡是旧的
奖状是旧的。红领巾是旧的
锄头是旧的。镰刀是旧的。父亲的老茧是旧的
太阳是旧的。乌云是旧的
水仙花是旧的
打雷是旧的
闪电是旧的

2017 年 7 月 27 日

归去来兮

春运开始的第一天，天气：小雨
转多云。火车站售票窗口，依旧密密麻麻
那些拖儿带女，在外打工的人，和他一样
有的挤了三年，没日没夜的挤，也没能
将手中皱巴巴的血汗钱兑换成一张
开往昆明或成都的硬座。这三年
他已错过了亲人的葬礼，侄儿的喜酒
错过了十五的月亮和七月的火把
这一次，他仍旧对一列时速超过一百公里
的火车怀抱希望。手中的身份证和暂住证
上面，仍旧是村庄和工厂的名字
某工业区 4 楼 402 室，一个生锈掉漆的
门牌号。直到拥挤的人群散去，离开
朝不同的方向，城乡接合部的某个关节
他才掉转头，原路返回
在路过快递站时，他甚至想到
要如何把自己打包，寄回老家

2016 年 12 月 23 日

消失的碗

家里新买的碗。表姐家的外甥要摔烂
几只，爸妈不小心要碰掉一只
你怀孕时会踢碎几只，我们的孩子出生后
会少几只，找不到几只
父亲不在时会弄丢几只，每年清明
要留几只，孩子去省外读大学
要收起几只，哪一次我喝醉酒
会打碎一只，在沉默中你会往墙上
砸一只。月光会盛满一只
搬家时会碰碎几只，拿红布包着
要丢掉几只。住院要带上几只
受不了孩子的气，要藏起来几只
点煤油灯时要在床头放一只
入土时要放两只，一只装酒，一只
装尘世的灰和祖先的名字
最后剩下的那只，就倒扣在
土里

2016 年 12 月 15 日

在你之前老去

每年十月，我会老去一岁
亲爱的，你也会老去一岁
而我将在你之前

我们手牵手，我在前，你在后
去动物园看一头大象，也许是河马
它们圆鼓鼓的身体

有人说，薛梅昨天去世了
也可能是前天，没有留下只言片语
你说，快到我们了

我一个人在家里锯木头，点酒擦骨
擦拭脚踝和膝盖

一个人反复梦见同一种蘑菇
大片大片地从土里冒出来
而我将在你之前老去

2019 年 9 月 1 日

一个人

一个人的时候，就拉起窗帘，只开
一盏灯。把光线调到最暗。不要
打开电视，电视里关押的全是
车祸和白茫茫的大雪

请轻一点。一个人的时候，拖鞋
可以再慢一点，向上一点
可以先在沙发上坐一会，感觉冷
可以抱紧红色维尼熊
可以站起来，到厨房，打开
冰箱，空荡荡的小房子
可以检查上次漏水的管子
可以打碎一只骨瓷小碗
可以回到沙发上，坐下
可以闭上眼睛，数遥控器上
凸起的按钮

一个人的时候，最好洗一只袜子
尽可能地洗白。一边洗一边想
想明天几点起床，想昨天
还没打的那个电话，想早已
编好的那段谎言。一直洗

如果有狗叫，就到窗户边看看

房间里还有一匹马鹿，两截正在枯萎的

甘蔗

2016 年 12 月 14 日

车　站

挖是一个动词，持续不断的动词
挖土机挖出土，十字杆挖出石头、皮鞋车
挖出行李和家，红绿灯挖出眼睛
排队的人挖出口袋里的钱，售票窗挖出
打工和离别，传送带挖出制服和钢盔
厕所里的安全帽挖出小广告和便池
刚出院的老头挖出女儿的住址
年轻的女儿挖出无尽的空
末班车挖出喇叭和此起彼伏的电话
挖出男科健康，挖出东风北路延长线
挖出慢和圆圈，挖出那个没能挤上车的
母亲和她的四个孩子

2016 年 12 月 31 日

想起一个已逝的朋友

想起一个已逝的朋友。想起我们
参加婚礼和参加葬礼的人是同一拨人
想起在 438 宿舍喝酒，玩牌，占卜爱情
卑微的理想和性。想起黑暗中他忽明忽暗的
烟蒂、桀骜不驯的脸、大鼻梁上搭着的
黑框镜片。想起他指着我破洞的内裤说
我应该去申请困难补助。想起昨日门诊室
排在我前面的那人，和他一模一样的名字
想起还有人在阳间继续穿着我们的肉身苟活
想起那个我至今仍无法准确表达的落日
从温暖到寒冷，从生到死，从有到无
想起我们早已失散六年，甚至更久

2021 年 4 月 10 日

老电影院

折叠的木椅。板栗色的油漆已脱落
有人从太平门出去，雨落下来
松木的纹理，陈年的蛛网上谁在扮演我们
报幕的人拉开红布，演员就位

雨是前奏，谁的爱情遗落在这里
谁的泪水还在继续流淌
月光深处的皱纹，柔软的部分
校正时间的人已由中年步入暮年

挖出白藕的双手顺势挖出天空展翅的鹭鸶
等待发芽的记忆在幕布后面寻找时间的影子
花瓣随雨落，那些相同的脚印
回声迟迟没有传来

我在老电影院中间偏右的位置
走散的亲人消失在我眼前的墓碑上
光线刚刚好，我们谁都没有提前散去

2021 年 11 月 14 日

寻瑞竹寺不遇

白云练习倒立的地方，瑞竹寺
在山腰，看世人如蝼蚁奔赴巢穴
我的内心缺少足够的积雪用来煮酒
打诳语。中山墓地遮阴绿，何处寻
沉沉雾霭，还没到分离的时候
墓碑上早已留下墓志铭，心安
其间，大肚佛藏在每一个竹节里
我踩着石头蹚过河水，上陡坡
别墅后花园，植被稀少，时蔬鲜嫩
知了在山顶的哪棵栗树上鸣叫
叫声如木偶的引线，牵连着我
瑞竹寺藏于何处？落日敲响巨钟
刀光和剑影交替占领这座城市
黄昏的袈裟，藤椅里落满金光的老人

2022 年 7 月 7 日

粉　刷

那么多锁扣，那么多秘密在柜子里
在暗中生锈，腐烂。旧铁钉
梅花起子，方块起子，羊角锤
风干的往事像两列疾速行驶的火车
在我眼前重合，又在指尖扯开倒刺
木质纹理清晰可见
硫酸、高锰酸钾和化学方程式清晰可见
老木匠把时间装进柜子，时间就有了
柜子的形状。白炽灯射穿的虫洞
冰川色油漆覆盖住教堂的一堵墙
松脂味的汉语，放倒，木已成舟
顺水漂流的波纹，间谍加以括弧，补充
注释，撤离。“但不必太担心，生活还在继续”
铁证已被拔出，先兆和奇迹正在熟睡
或许是白霜，是浓雾，是灰暗的房间
四方柜子里等待粉刷的闪电

2022 年 7 月 22 日

汽车修理厂之歌

大路朝天。工厂钢瓦的屋脊。垮掉的机器
卸下轮胎。迟到的脚印。发动机
停止跳动的心脏。完美的复仇。皮带
手到手的距离。挡风玻璃。后视镜
汽缸。刹车。轴承。断裂的钢板
二手机油。乌漆麻黑的血。臭皮囊
五谷六畜。仓库。后圈。荒草让出过磅的重型
卡车。膝盖。身体集中营。枯朽。现代
战争遗址。马蜂窝。陷阱。8 号扳手
叛逃的弧度。苍鹭在水边停留了几秒
漂泊的公分石跳下河流的重型卡车
皮肤灰暗。触角灰暗。绝路。阳寿已尽
无力感。休憩的司机等待着指认现场
被遗弃的。被遗忘的螺丝。骨头。逃犯
满嘴铁锈。额头。裂缝。钓鱼线。不断
放大的瞳孔。失眠症。纸钱碾过车轮的胎记

2022. 8. 12. 初稿

2022. 12. 12 改

第二辑

故乡亲人

染　发

晚饭后，母亲拿着一团黑乎乎的黏胶
在染她快要五十年的头发
借着灯光，额头前的白发
母亲看得一清二楚
对着红木镶的镜子
对着二十六年前陪嫁的镜子
为了更好地找出一根白发
将它染黑，母亲更加小心翼翼
这样的事情，母亲每个月要
重复一次，都在傍晚
只有我知道
母亲染发的间隔越来越短
时间越来越长
只有我知道，第二天一大早
我的母亲就会坐在门前的台阶上
细心梳理她满头的黑发
那时，秋天的风
又将吹落屋后苹果树上的叶子

2014 年 4 月 2 日

本命年

母亲今年四十八　属蛇
今年是她的本命年
她异常地小心
除了每天必须要做的家务
和地里的农活　剩下的时间
她就像一条蛇一样
躲在沙发上　冬眠

有一天
外婆和三姨来到家里
谈起她们各自的年龄
和所受的苦
我的母亲无意间说漏了嘴
提到了本命年　提到了
她的男人在三八节那天
给她买了一件红色的针织衫
还有两条红内裤
母亲说出这些话的时候
暗黄的脸上泛起了一抹红光
仿佛回到了十八岁的初恋

2014 年 8 月 20 日改

雪落在别处

雪落在故乡的土地上
油菜花田里
无数白天鹅的一片羽
雪落在瓦片上
也落在门前的空花盆里
母亲围炉而坐
伸手拔出食指上的倒刺
温暖的火焰
照着她的脸
也照着她的咳嗽
雪落在母亲的头发上
白的多
黑的少

2021 年 1 月 12 日

拜把兄弟

他是我的小学同学　我的拜把兄弟
小时候　我们两家互相抱过大公鸡
我管他爸妈也叫爸妈
2002 年他初中辍学在家　务农
当过镇上的邮差　后来
在林业站找了一份护林员的工作
现在他结婚了　有一个三岁多的孩子
不知道叫什么名字
媳妇是外县的　不会讲彝话　很少出门

我的兄弟　他抽烟　只抽自家地里种出来的红塔山
他喝酒　只喝自家县上酿的玉林泉
每天两包　每喝必醉
醉了之后开始说酒话
用掰过钢筋的手紧紧握着我
不停地问
问我是不是看不起他
问我是不是不把他当兄弟

2014 年 9 月 10 日

鲁 强

久治未愈的酒糟鼻，一脸衰相
阿强，听说迈克尔·杰克逊离世那晚
你对着墙上的海报哭了一夜
我想起你跟我谈起的梦想——
夜店 DJ，帽子歪歪戴，很酷的那种
你说，当初要是学一个电焊就好了
2010 年，你到昆明的某个假发工厂，没过两天
花玩家里的钱，卷好的铺盖还没打开
又回到家门口。听说你还当过小区保安
官至六人小队队长。听说你辞职了
跟着一个老板去越南、缅甸讨债
又灰不溜秋地回到村里。你还记得
你喝醉酒给我讲的你祖母的故事吗
那个上海来的女知青，讲你的祖父
多有本事，讨了个上海婆娘
讲你父亲拿手的轻功。那个深夜
你给我打电话，一直问我什么时候回来
几号回来，说你又换了电话，微信
也换了，一遍一遍地重复。我知道
你醉了。你买酒的钱是不是还藏在
右脚的鞋垫下面，你是不是又去敲
三队公房的铁门了，徒劳啊
无济于事啊。我和哈龙谈到你，都说

你越来越像你父亲了，一喝酒就爱比画
手舞足蹈地抢着说话。可我们
谁也没见过你的轻功，不知跟你父亲比
是不是更胜一筹。听说你盖新房子了
在原来的老房子上，钢混。我又想起
小时候在你家房梁上捅过的燕子窝
想起打碎的那两颗蛋，不知燕子
又飞回你家的新房没有

2020 年 12 月 29 日

算 命

天桥下，算命师摊开红布
太极八卦、罗盘、铜钱、鹅卵石四颗
大师两眼微闭，正襟危坐，掐指
大师缓缓口吐箴言：这一卦我要冒着折寿的风险
女人不求事业、姻缘，只求钱财
大师向女人索了生辰八字，摇头
属羊的女人命硬啊，克夫，一生坎坷
属羊的女人命里有别啊，十二月生
草木枯，万物寂静，没有七八月好，水草肥美
记住，不能吃鲤鱼，不能吃羊
这个名字也要改。施胜玲，摇头：孤零零地剩下一个
好的，大师。别人六块六，你要六百六，显灵
眼前这个女人曾在另一个人的身体里贩卖酒
凶吉祸福，换名两年，欠债两万
昨天她才把名字写在病历上
特赦的一头母狮子。悲剧的起源，快乐和忧郁
时间在身后推着她，她始终落后于自身

2020 年 9 月 4 日

收破烂的女人

邻居家的狗一阵乱叫
这是陌生人入侵村庄的信号
那个收破烂的女人　头发凌乱
右肩扛着编织袋和秤砣
左手拿着铁钩　以便随时
钩起一个塑料瓶或一块泡沫

那个女人开口用外乡的方言
问我的母亲
有没有空酒瓶　废纸废铁
啤酒瓶一角一个
废纸废铁八毛一公斤

母亲从堆放杂物的屋子里
拎出一个编织袋　里面是
我小学时候的课本　作文和日记
那个女人二话不说
钩起编织袋　提起秤杆
四公斤半　三块六

母亲不知道　他的儿子
正站在一边　看着
那些和他童年有关的证据

被一个收破烂的女人
全部　廉价收购

2014 年 8 月 25 日

打工及其他

三姨和三姨爹进城打工去了
表哥和表嫂进城打工去了
他们具体做什么　我不知道
从母亲一天几次的唠叨里
我得知他们一个月能拿到三千多
还提供住的地方
母亲就动心了
一遍又一遍地劝父亲
把家里的几亩地租出去
和她一块进城打工去
说那样更有把握
说那样好歹有个照应
但是她的男人
只是低着头吸着水烟筒
说什么也不愿离开寨子
在母亲一遍又一遍的抱怨声里

2013 年 12 月 2 日

打谷机

三舅家的大儿子李杰
现在上初一
在学校里
他用左手写字
九年前的打谷机
打掉了他右手的五根手指
像那些早已被割掉的稻谷
从疼痛中醒来
感觉自己被种上去的手指
已经不听使唤
从此他便放下右手
用左手提水　用左手拿筷子
在七岁的时候　用左手握笔
直到现在　每次回三舅家
三舅总会指着墙上那排奖状
一遍又一遍地告诉我
那些是他家李杰在学校里得的
然后重重地喝下一口散装烈酒

2014 年 2 月 3 日

大雪之后

2013 年的最后一场雪
紧接着是 2014 年
那些被冻僵的行道树
在空气里　散发着
身体腐烂后的味道
路边　去年刚移栽的景观树
又死了几棵
12 月　大雪带走的不只是
最后融化的雪人
还有春天的叶子　秋天的果实
下雪那天　母亲
打来电话　电话那边
她带着剧烈的咳嗽告诉我
家乡的寨子也下了很大的雪
刚开的油菜花
被埋得严严实实的
父亲刚从村委会领到了每亩 4 块的
补助　共计 24

2014 年 1 月 14 日

清明（其一）

四月四日　所有死去的灵魂
将再度复活　重新占领这片昔日的土地

在戴泽莫所有的墓碑将被一把镰刀擦亮
我俯下身查看墓碑上的文字
世代的族谱　父亲的爷爷　裂掉的骨头
他们安然地　一动不动地望着远处的山脊
山脚下的村落　雾霭中的房檐

阿奶上山的时候背着一块长青石
方形的　依稀落着青苔和枯叶
没有人理会她的此番举动
继续爬山　披荆斩棘　携儿带女

最后　阿奶找到了失散多年的六叔
把青石立在一包土堆前
我们排着队磕头　从此开了先例

2014 年 4 月 5 日

清明（其二）

清明时节，未雨。布谷的叫声
老人在小县城的路边烧纸，焚香，等待灰烬
在乡下，“门前的碑石如椅子白色的靠背”
越来越多的人，他们一个挨着一个
有人在上面留下刻痕，镰刀印，留下膝盖
黄土。留下新欢与旧爱，留下一纸叹息
我们排着队，磕头，祈愿，保佑万事如意
身体健康。把一件事反反复复，说上几遍
然后，我们席地而坐，分食祭品和往事
世间蝼蚁也席地而坐，坐在许多名字上
积累足够多的生与死

2019 年 4 月 6 日

庚子清明

故人西辞，风吹乌云如荷。鸟声
跌落镜中，布满岁月还未打捞的皱纹
天地间，尖锐的事物愈发锋利
比如刚收割完的小麦，裸露的石头
还有冒尖的笋。逆光中敬香的母亲
在夕阳下，宛若伟大的时针与远山对峙
四月，在等待一场大火，挥霍爱和飞翔
借来的雨水和墓碑在来时的路上
等待被深埋的根擦亮。王冠渐暗，举起
暮年的白发，不见悲。还有满山的金银
永不开败的花

2020 年 4 月 22 日

草木深

祖母坟头上的青草还没来得及长出来
一场雨，就落了下来。四月清明
我动用了镰刀，对禁止说出的事，保持了
沉默。沉默，这仅仅也是我能做的
挂白纸，压黄钱，在先妣先考的碑前
插柳枝、红香，摆放糖果，倒酒沏茶
像往年一样，长幼有序，双膝跪地

而这一次，亲爱的，我必须把族谱、血缘
饥饿和疾病的往事通通告诉你。虽然
在旧碑上，我的名字旁边，不会再刻上
你的名字。但是，你已经和我们息息相关
这里的我们，包括雨中失魂落魄的后人
包括埋在我们身后，永远不会醒来的
我的亲人们

2017 年 4 月 10 日

乡村故事

平静的村庄
住着老人和孩子
老人的孩子离开了村庄
孩子的母亲离开了村庄
老人的孩子从外省带回了
肩膀上的文身、啤酒肚和蹩脚的普通话
孩子的母亲
逢年过节从县城里带回了
丝袜、高跟鞋和红色的头发
村庄里的男人和女人并没有睡在一起
生儿育女，养家糊口
像我的父亲和母亲那样
而是再次离开村庄
去了更远的地方

2013 年 8 月 5 日

肩 膀

这么多年过去了　我一直
没有怀疑过父亲的肩膀
它坚韧有力　像山的轮廓
扛过无数烤烟和玉米

年轻的时候　它扛过石头
炸药　炮杆和一整个煤洞
他一生信任着劳动
现在　父亲的肩膀越来越矮
越来越窄了

今年十月他动了一次手术
切除了一个肿瘤　肿瘤就长在
他的右肩下面　腋窝旁
像一口黑色的炮眼
随时准备　从他从未提防的方向
将他彻底击垮

2013 年 11 月 14 日

更像一个父亲

在秋天，他更像一个父亲。一个手持旋耕机
8 毫米梅花扳手的旧派父亲。一个在田埂上
脱掉鞋子抖掉泥巴又穿上，还未被机器
完全驯服的后农业时代的父亲。一个
毫无用武之地寡言沉默的父亲
在秋天，他更像一个父亲。耕牛被卸下
他无法再挥动鞭子，无法再指桑骂槐
无法再吐脏话。然而，他却比我更加坚信
粮食会结满枝头，玉米金黄

2018 年 10 月 5 日

父亲的一生

空谷跫音。父亲的一生，都在搬运
松果，也搬运石头。那洗不掉的松脂成了
胎记，他用来对抗命运的西北风
那被石头磕出的疤痕，他用来收集
人间的疼和细水长流

2019 年 7 月 17 日

壬寅年父亲节

我把高粱穗插进花瓶。此刻，女儿在我
怀里，妻子腹部的野马抑或花朵
我抱着你轻轻摇晃，嘴里哼着父亲曾在
耳边唱过的歌谣。哭声。你内心的雨水
再也装不下一粒盐，陈年的朽木
发出嫩芽。雨中，荒芜随处可见
我要在上面开垦土地，种植瓜果、蔬菜
种植鸟鸣和一排排脚印，也包括你
我在黑暗中扔出去的那块石头
最终又砸向我自己。我像一个农夫
用双手刨出土豆，不更换其他动词
你是我的地图、山脉、河流走向
我的信笺、错别字、从现实节节败退的
船只

2022 年 6 月 19 日

外婆及其他

从躺下　到大腿浮肿
到不能走路　到失去声音
这个瘦小的女人卸下了她的一生
她短暂的一生　她漫长的一生
她养儿育女的一生

床头柜上的煤油灯就要熄了

这个瘦小的女人
把冬天的柴火留给了三儿子　开明
把分家时的锅碗瓢盆留给了大儿子　开仁
把一棵杨梅树和一口深井
留给三个女儿
最后　只带走了一口棺材
一座新坟　几抔厚土
躺在她的男人和二儿子开飞身边
面朝家的方向

2013 年 12 月 27 日

大雨降临前

突然想起外祖父，还有
我们一起搭的茅草房
茅草房里两颗蓝色的鸦雀蛋
在大雨降临之前
我突然想起我们坐在麦秆上
外祖父口袋里的红糖
我咬一口，他咬一口
我再咬一口
红糖上的齿印，我的要比他的
深

2019 年 7 月 2 日

山 居

南方吹过外祖父的桃林。天上的鹰，花瓣
落下巨大的阴影。动词轮番推着我
回到雨后初晴的故乡。大地如洗，世间
清明。两年前重新垒的坟，碑上
依旧是满堂儿孙

2019 年 1 月 5 日

提　前

家人把时间调快了半小时
只有祖父一个人蒙在鼓里
提前半小时倒垃圾，提前半小时
吃饭，提前半小时拄着拐杖
上楼梯，提前半小时看报
鸡鸭提前半小时入圈
堂前燕提前半小时回巢
暴雨提前半小时赶来
祖父提前半小时
收下晾衣绳上的木夹子

2019 年 7 月 23 日

消失的祖父

一头垂暮的大象，被送进呼吸与危重症
医学科，4 楼抢 3 号床。八十九年的光阴
还剩多少，最后的力气仅仅足够用来
吞咽喉管中的流食。“死去元知万事空”
根会腐烂，但已深深扎在土里
心生悲戚，探访的亲人为了最后一面
不远万里，也没能让他张开嘴巴，吐出
自己的名字。心脏起搏器蓄藏的电力
还剩多少，逐渐衰弱的还有老屋的木板
楼梯的拐杖声，剥落的玉米粒溅出铝盆
那只灰色的信鸽还会不会飞回来
房檐下的那对燕子还在叽叽喳喳
这个夏天还剩多少，母亲每天为祖父
擦洗身子和脚，把旧东西洗去，像擦洗
供桌、碗筷、水缸、磨刀石
硬骨中的火种还剩多少，在成为蝼蚁
泥土，和灰的一部分之前

2022 年 6 月 22 日

加工厂

加工厂堆满了木材，横七竖八
门前的花坛里开了四朵玫瑰，春天的血
远山的轮廓。一只母鸡身后是七八只
小鸡。三只狗在过磅下乘凉
每次，二姐看到这些，心就软下来
用手摸摸脖子上的刀疤，像掐住命运的
喉咙。微风吹过二姐系在脖子上的淡蓝色纱巾
想到脖子里的恶性肿瘤，医生口中的
甲状腺癌，想到那场死里逃生的车祸
那次争吵后的服毒自杀与未遂
二姐已不再相信自己命硬，像块石头
她甚至想过一走了之，撇下
年迈的父母、叛逆的女儿
第三次手术也没能割除的暗瘤
死亡已提前住进她的身体
每天傍晚，太阳落山前
二姐仍习惯了用沙哑的声音召唤三只小狗
给鸡撒米。十几只白鸽在房顶，电线上
扑棱棱，一哄而散。天空轻微晃动
又恢复平静。一只蝴蝶飞进屋子
停在二姐的大红被子，一朵红牡丹上

2016 年 11 月 24 日

二姐的黑山羊

阳光下，羊群在坡上扯着树叶，也咀嚼着
二姐的影子。那只在冬天走失的黑山羊
穿过旧时光的衰草，在春天的粗盐里复活
日之夕矣，羊群下来。领头的黑山羊
细长的胡子，脖颈下的铃铛。出生三十天的
雏羊已长出新角。那只二姐心爱的昆明犬
因咬死一只待产的母羊，被二姐活生生
吊死在栗树上。他的男人站在一边，黑山羊
在圈里啃食玉米，春天新吐的叶子
像一把斜插进风口的刀子
落在二姐熏暗的脸上

2021 年 2 月 25 日

与铁和解

候鸟南飞，母亲用整夜的失眠守候一块顽石
无限抵达，衰老是一生的事。给翔鸟以翅膀
给河流以泉。硬碰硬的，对着干
暗器有毒。背风提刀的人，还未接受招安
血浓于水的兄弟，依旧举着烈火，尚未撤退
回声。时间和稍纵即逝的爱情在一张薄薄的日历上
变黄。錾子深处，生铁拧干寸草心，鸟鸣
也是很久以前那一只

2019 年 1 月 10 日

燕归巢

符纸还在门头，石缸水满
去年的燕子还会飞回来
在祖母遗像前做巢
宗族、姻亲、姓氏在旧相框里
石鼓不动两边，日光做伪证
抡起斧头劈柴。卷起裤腿，搓绳
时间的皱纹把银调羹熔了，打成戒指
一枚许诺，二枚转世，月光三钱
观音掌心的净瓶。姑妈供果，燃烛
下跪的人念念有词
如日暮中的乌有之神

2019 年 2 月 4 日

蘑菇谣

张家田，李家地。后来者逆流而上，打湿露水
结草留给村庄，与群山为奴的人手握持杖
松针倒挂，鸟巢在高处。大风起兮，八月的雷声
在我儿时跌倒过的地方又跌了一回
蛛网弥新。走老路，易容术是一条蜥蜴
我成了它的眼中钉，必须远离，绕道
与一座旧坟相遇。风水、命里，黄土赦免了他的
一生。墓碑前，碎碗仍能划伤脚踝
斧柄、锄头耙、压弯的扁担隐于第一座山
走投无路，苦命的猎人交出寸铁。第二座是耳朵
两年前的夏天。雨来了，大地催生的蘑菇
仍是祖辈留下的。第三座牛滚塘
山中无老虎，最后的水牛，梦回吹角连营
母亲双膝跪下，用树枝画圈，口念：
“木璐兔，呐哒跑，木璐兔，呐哒跑。”
是谁大喊了一声——阿妈！
整座山都一起回答——哎，在这！

2018 年 10 月 27 日

如烟往事

天上的风筝，在母亲手里
运送烟叶的耕牛和鞭子，在父亲肩上
拾级而上。谁遗漏的烟丝从空气中飘来
淡淡的苦和涩。这个熟晓烤烟等级、分类
烘烤火候和温度的男人，也曾被烈焰烫伤
这个精通打顶、除草、施肥技艺的中国农村女人
常常用背篓扣住逃跑的蟋蟀
那个捡拾烟叶递给母亲的孩子，是我
那时，他比一棵烟株矮

2018 年 7 月 18 日

落日，飞回自己的鸟巢

落日，飞回自己的鸟巢。农耕时代的木耙
茫茫雾气。山的一生，在雨中逆行
对待贫穷，我的母亲有足够的善良和耐心
像一只蜗牛触角上的两个小黑点，将自己垒在
时间的漏风之处。瓜蔓爬到三分之二
松林回声，采药者自山腰打湿裤脚归来
春天已经来临，它堵住了下山没膝的小径

2019 年 7 月 22 日

时　光

籽粒饱满，一个劲儿地矮下去
如浮标。母亲恩赐的肉身，抖掉重负
高岗之上，晚霞是被收割的部分
连同遗孀，孤儿与头顶草帽的鱼群
恒河沙数。我会慢慢变得温柔、迟钝
用筛子反复筛过时光，让走散的亲人重聚
听弦外之音，把蝉蜕当作呼唤
歌《采薇》，手提鞋子，光脚返回土地
一亩三分

2019 年 4 月 13 日

鹰的翅膀穿过我们的影子

鹰的翅膀穿过我们的影子。母语在喉
三脚架侧立火塘边，围坐的亲人啊
在火焰深处闪闪发光。翻一翻瓦片上的生茶
听锄禾下土，青石板上捣衣声。哦，日子
月亮如一枚印章，岸上石桥枯坐，四荒八野
王冠献给穹鹰。七月，善良的羊群手持
月琴

2019 年 7 月 23 日

青石堆砌满山碑文

青石堆砌满山碑文，它们咬得那么紧
不怕咬出血。江山依旧，我所有的骨头
无论垒得多高，故乡的风依旧
吹着我，房顶的炊烟依旧
向我倾斜，雨滴依旧
沿着青瓦
落进祖祖辈辈的水缸

2019 年 7 月 24 日

祖辈的仪式

土木村庄，古柏苍翠。黑脸毕摩手执祭器
口念咒语，献上人间祀品。三叩头来
洗净金鸡嘴，三叩头来，洗净金鸡爪
我们排着队磕头，双手合十，长幼有序
如数交出全部的虔诚

2019 年 7 月 25 日

秋分辞

处暑过后是白露，白露过后是秋分
时令的交接天衣无缝。母亲割掉稻穗的谷茬
比镰刀锋利，同样锋利的还有秋风——
秋风过，板栗落。时光的硬壳带着浑身的刺
命运只收回了一小部分。父亲在旧房梁上
添了一片新瓦，避秋雨，御寒凉
燕子衔来更多的泥土，在屋檐下

2020 年 9 月 22 日

和母亲收割娃娃菜

灼灼烈日。我把绿汁江水换作浊醪
穿肠过，日夜流。同样流淌的还有汗水
和心血。母亲弯腰，于手起刀落间
娃娃菜如一个个新生婴儿大赦天下
种植蔬菜和瓜果的人在田间劳作
贸易、收购、运输、进出口络绎不绝
他们像一截浮木，沿上游的流水漂到哪儿
哪儿就是安身之所。其中，也包括我的父亲
不远处的山上，去年落光叶子的榕树
今年又在落叶；去年开满花朵的凤凰木
今年又在开花。贫穷的灰烬扑飞如一只只
黑蝴蝶，消失于万里无云的晴空

2021 年 6 月 18 日

事件：中秋

清除门前花盆里疯长的杂草。帮母亲修理
灶子上的锅盖，拧紧螺丝，拔除几根白发
老虎钳在父亲三轮车的工具箱里
梅花起子在鞋柜的第二个抽屉。帮妻子疏通
洗澡室的冷水管。卧室的门帘需要一颗钉子
羊角锤在楼梯角，用它敲开一枚核桃正合适
厕所旁边的滴水玉长势正旺，樱桃树下的
滴水玉长势正旺。二姐的瓢鸡在蛇皮袋里
鸭子罩在背篓下，我在剔除指甲缝里的泥巴
我刚从菜地里刨出几把新姜，像一个男子汉
在磨刀石上，磨一把刀尖生锈的铁

2020 年 10 月 1 日　中秋夜

黄花夹竹桃

石缝中，黄花夹竹桃觥筹交错
风一吹，那黄色的酒杯就碎了
像某次散场前，我的三五兄弟
频频举杯，却无酒入心
他们早已提前服下
解药

2019 年 7 月 13 日

想象冬天

要有多少雪，才足够压弯亲人的脊背
窗外，雪一直下，一直下
远山，一片白，一片白
冻得通红的番茄，冻得通红的手
母亲刚从猪圈取回一枚鸡蛋
热气在她的掌心散开
雪落在她的头顶，变成白发
妻子在雪中，试图接住一瓣雪花
她腹中的胎儿，还有几天降临人世
像一场雪，轻轻盖住薄薄的大地

2022 年 2 月 22 日

劳动者之歌

老黄牛早已下落不明。祖先
一生都在诅咒的土地，一贫如洗
石头磕脚，烈日和盐的缔造者
我的父亲，群山围堵中
那条干涸的鲶鱼，在这片
血红的土地里，他逐年磨损的暴脾气
已和手中的犁耕机暗暗较劲儿多年
滚滚浓烟。他在追捕某个未知的猎物
撕咬土地的牙齿多么锋利。他身后
是一株株烟苗，等待从肚脐中
抽芽、展叶、节节高、层层黄
我的父亲，这个在劳动节出生的男人
一出生就注定了要和脚下的土地
死磕到底

2023 年 5 月 1 日

第三辑

无骨之舌

捕鸣蝉

六月，傍晚的栗树林是一条深沟
千万只蝉集体暴动，扑打着上帝的翅膀

山顶的火葬场，公墓里互不相识的人
死后都成了左邻和右舍

他们竖起墓碑，白天沉默，夜晚
借腹部的发声器不断喊一个人的名字

献给月亮的银酒杯，穿过栗树林的光
温暖而锋利，寂静无人认领

2019 年 12 月 20 日

复 原

鞭炮声讯号模糊不清，红白喜事。接二连三的人
选择在冬天离开，集体迁徙。作为参照
轮回的器物尚未成型。爱过的人，心底的苦
不能说出来。在化尸炉前，请取出愁和恨的铁
在鬼门关前依次排队，交出一个时代的序列——
碑石上的文字，而非别的。房檐下
晒干的蒲公英，利胆。灰烬，试着将记忆的拼图
复原

2019 年 12 月 12 日

日　常

动物饲养员每日喂养笼中的幼兽和账簿
陶罐陈于家中暗格。方寸之间
需重新清洗、擦拭，犹能记忆如新

油盐于器，药渣反复煎熬。割腕自杀的女人
和服毒自杀的女人是同一个女人。须断肠
救护车呼啸而过，我们谈论更多的是露从何夜白

2019 年 12 月 17 日

深　秋

十月。最末一天，适合阳光
适合下水，适合踩细沙，沿湖边小路
翻起一块石头。适合蹲下来
看石头下面的螃蟹如何横行
适合爬尖山，适合拾级而下，手扶峭壁
适合原路返回，适合在来时的木椅上
吹着冷风，想想身后事

2017 年 10 月 31 日

她在纸上画一只苹果

她在纸上画一只苹果。裂痕转弯
飞行中，一只苹果的颜色、气味和
掉落的那片墓地，被固定在食指的
第一指节处——凸起，变形，弯曲
阴影如约而至。她在纸上画那只苹果
寒潮从西南方来，树枝上
那只鸟，还有无数只鸟，飞来，散开
地上的树叶吹起，飘落。她的苹果
在纸上长大，凹陷，通透，内核全无
阳光从窗外进来，一伸手就碰掉了
纸上的苹果，而那空白的一页
多么像她刚刚擦掉的部分，一声叹息

2017 年 11 月 15 日

屠　夫

当了一辈子屠夫，他终于放下
手中的刀子。而心中那把，仍在打磨
河流，朝他相反的方向。石头，诵着经文
捆住手脚，剔除旧骨头。没有哀号声
心狠手辣的，白刀子进，红刀子出
身体里的铁石心肠，被谁悄悄挪动了两寸
对于罪孽、生死，他从不否认
就像此刻，他一动不动，躺在
病床上，等待一把手术刀
挑破世界的皮肤

2018 年 3 月 4 日

驯象师

驯象师命大象粗大的鼻子把妻子举过头顶
命大象宽阔的脊背驮起父亲
每次任务完成，少年驯象师都会抚摸大象
硕大的耳朵，“这抚摸包含了羞愧和罪愆”
就像是在安慰一个刚刚哭完，眼里
还含着泪水的孩子

2019 年 10 月 10 日

老房子

缓慢的事物，影子找到我们
墙头的瓦片更青，南方的冬天起了皱纹
陈皮，依旧橘黄，在灶头上。牛铃无声
疲劳，即将坍塌。应声倒下的，还有
不死鸟的羽毛、年迈的母亲
石头咬紧石头。查无此人，注销，旧址，壳
谁要找回那些遗失于尘世的声音
比邻而居的人，枕着夫姓、身世、噩梦
连夜打开自己。秋风，还尚未向一扇木门
和无家可归的人敞开，如数交出自己

2018 年 3 月 1 日

无骨之舌

一个哑巴深夜敲门，消声器还在他体内
炊烟，无骨之舌遭遇锋利，暗流捆住石头
黄连之苦，内伤，鲜血于白齿之下
无骨之舌说出谎言，纠缠，深入无底
有鸟鸣在喉咙深处，有火药和孤胆
他需要比画，需要手舞足蹈，需要烈酒
需要于无声处和逆来顺受大干一场
他指心脏，指杂草丛生的脑袋，指身后事
散布春天的谣言，如数交出自己
那些逃犯和盗梦者，从明朝的棺椁里掳走珍宝
哐当一声，关上门，把自己反锁在里面

2018 年 5 月 5 日

左撇子

白纸上有秋天的落叶，命运之神悬空，倒置
凶手一无所获。左撇子除了河流
前途未卜的爱情，剩余的瘀血仍未清洗干净
刀口，涉世未深，掌心已由另一把刀填满
拳头举起，幻想的敌人一一退潮
如一道闪电放下飞鸟和它身上的羽毛。弓箭手
读懂了石头的纹路，杂草丛生的内心。他要
拆解卦象，摊开稻、黍、稷、麦、菽的呼吸
在一件破袈裟下，尸骨深埋人间良方
长跪不起的阴魂，在先人的墓碑前遭遇堵截
他还要试着说出，那些难以启齿的命运和不安

2018 年 5 月 13 日

匿名者

草莽退去，云山深处，坟冢相互指认
线条简单、隆起，石碑上的名姓还会被后人
反复冲洗、使用，直至变成一件又一件旧什
而豹子凶猛，它死死咬住一头犍牛
双膝跪地的男人，于手起刀落间已将牛
阉割干净。给牛松绑的是它的主人
眼里的黑多过白，宽恕多过隐忍
驼背的母亲怀抱巨石
在儿子大喜的日子，她也没能挺直腰杆
知了还在万年青树上，一声接一声地叫
葡萄藤上结着去年的叶子和衣物
仍旧赤手空拳

2018 年 5 月 18 日

门　诊

对面是疼痛治疗室。心胸外科诊室大门敞开
空无一人。胆外科主任打战的左手在翻弄
某只尘封已久的抽屉。肠外科右侧
是医学美容专科诊室：眼部整形、隆鼻
丰胸、割双眼皮——微创
脑卒中筛查门诊，家族史一具具浮出水面
神二科条件反射，主治医师刚从开水房
接回茶水。骨外三科遭遇车祸。乳腺专科诊室
年轻的女人依次排着队
挂号在 4 号室，生命被兑换成大小不一的硬币
每一道疤口丢失一个。心理治疗室在顶端
玻璃桌上的一盆绿萝。窗外，荷花池
也无荷花也无池

2018 年 5 月 21 日

无顶之树

狩猎者，用月光遮住伤疤。用锋利
捕获一头豹子身上的花纹。呼吸
枪口已对准自己——坐以待毙的
交换牙齿吧，顺便，交换睡眠
年轮的秘密在脚底，不肯轻易泄露
赤脚走过青岭吧，冬天刚过去，发芽的骨头
有旧事物的花瓣。时间如雨，占卜的龟甲
在远处尝试飞行，卦辞掉进荒芜的枯井
把饥饿还给琥珀吧，棺木漆黑，人去楼空
孤零的鸟巢、时钟、悬空的佩刀
甚至连根拔起的引线，生老病死，寿衣
偶有飞鸟穿云而过

2018 年 6 月 5 日

臆想症患者

伸手抓来一把噩梦，我没有可供想象的森林
鼓手在暗中遗失了鼓槌，火车加速撞向山崖
独眼巨兽吞没于千年荒冢之胃。除了巨石
剩下的交给黑蝙蝠，看它们纵身一跃
带出闪电，带出瀑布，带出窗口的疾风、骤雨
那些亘古的敌意被等待赎回。另一片叶子下面
失魂的脚印迅速占领失地。无人的岛屿
海水送来礁岩和颅骨，我在反复遭遇自己
在海水的冲刷下，我反复遭遇自己
还有铁匠铺的女儿，她化身一尾鱼
熔化在我的掌心里

2018 年 7 月 13 日

且自开怀

醒来明月，醉后清风。举目无亲的人
习惯守口如瓶，习惯抹掉人间疾苦
白露已为霜，荒草和墓地连成一片
有神仙、鬼怪从我身上汲取些许暖意
作为去往天堂或鬼门关的盘缠
摁住内心的冬天。举目无亲的人
他们撒下网，捕捉深秋瘸腿的老虎
他们卑躬，又常被暗箭射中
就像火葬场上空的鸟鸣
抓住他们——
谁吹灭了蜡烛，放走最后一只乌鸦

2018 年 9 月 12 日

夜色降临

走廊灯亮，一双手在擦拭一道门
一道深褐色的门。她弯下腰，青草已爬到她的
脊背，高过想象中的坟头。她踮起脚，伸手
仿佛要掰下更远处的一包玉米。她搓
一只手扶门，一只手搓，上下搓，左右搓
严丝合缝，一步一个手印地搓
似乎对坚硬仍怀抱希望，仍坚信伤己才能及人
就在我侧身经过那道门，声控灯熄灭的瞬间
我看到她身后的房间，一片漆黑
只有那道门，一开一合，如一具还未上钉的
棺材，立在我身后
婴儿的哭声不知从哪儿传来

2018 年 9 月 21 日

如　斯

于草木间寻觅死亡的铁器。棺中的人
如老式钟摆，停止。暂住地只有编号
没有锈迹斑斑的警示牌。我是背阴处的首领
一动恻隐之心就沾了鱼腥，通灵者如斯
对着墓碑说出彼此的名姓和一些未来的日子
过往如雾，屠夫收刀入鞘——是种，是植
是白葱，往我的身体里添了一根肋骨
人群重新缝合了我们，用鞭炮和黄纸
红布取下，扎于青松之上。黄泉路窄
如果苦，你就吸一口荆条花里的蜜
如果苦，你就咬一口人世的沧桑

2018 年 9 月 30 日

野 门

他们比常人，提前来到泥土之下
反身打捞、挖掘。垮掉的根部，把泥土
举过头顶。所有的伤口，都在用雨水缝合

道路泥泞，驾流水出逃的人在暗处
行刑。受潮的不只归仓的谷粒，还有雨中
戴斗笠的土鼹鼠

那段尚未公开的恩怨等待被一株清香木
活埋。复仇者，阴影中凸起的部分
是他的心脏

手推婴儿车的拾荒者，冒雨，从垃圾桶里
伸手捞出一座观音。衣袖揩净污垢
仍旧满目慈悲

2018 年 10 月 14 日

咏叹调

桃花灼灼，李花其貌如大雪。至少是二月
在银行的台阶上，他就这样，披头散发
肆无忌惮地睡着。阳光刚好照在
他光着的脚上。而立之年，无端的痛苦
像黑暗中的井绳，咬了我一口。它试图以毒攻毒
治愈我的妄想症，清算我的糊涂账。它试图
一步一个脚印，把生活踩扁，把仅剩的斩钉和截铁踩扁
忘川，只剩秋水。那些浮在水上的，除了黄沙
还有婴儿的尿布与出生地达成的和解
与沿途一直跟着我的那只鹰
交换飞翔与哀莫大于心死的恐高

2018 年 10 月 18 日

安

中年的零件已拆除，死后注销的
只剩印章如一扇空门。三个被等待认领的汉字
需要缝补，需要用柏枝，洗净肉身
恍兮惚兮。三月水暖，五月刈麦，八月
父亲将煤送入炉中，一只蟋蟀锉刀状的翅膀
祖先的遗物，月亮在天上搬运一袋青盐

走过冬天的人把双手背在身后
暮草春，恒悲。苹果树关押着临终的遗言
我们先后绕过一堵白墙，数着台阶
像数着雨声。那些在异乡彻夜守着粮仓的狗吠声
我至今仍未提及

2018 年 11 月 4 日

皮　卡

矢车菊等待报废。汽车王国。修理工
连夜拆除一只轮子，螺帽拧上去，两次
扳手，用来敲开一枚核桃。八月十五
往事的瘦马驮回凶年、戾气和衰象
隐身之术，巨型油桶下落不明
丁丁兮伐木，嘤嘤兮鸟鸣
一棵接一棵倒下的，于己
相安无事。伐木的人至今
不知去向

2018 年 12 月 2 日

年　关

遗像已备好，阎王不请自己去
永远年轻，永远黑白，永远 16 英寸
于相册第一页。刚愎已自用，小型钢铁厂
大狗矗立如怪，可打剑，可铸戟
一生中的钥匙，止等待某个锁孔插入
骨头脆响。收押，监禁，行刑
猫头山，鹰嘴崖，风吹草木，吹枯叶
也吹人间疾苦。悠悠生死别经年
留替身，生长果树，结满果实
从医院，黄昏的祖屋，从 A 到 B
生死有命。血缘、祠堂、牌位。抚平青筋
拐杖随了去，火焰中的鸟抵达故乡，赦免
内心的石头。不断下坠的雨水啊
美好的陷阱，旧手电的光
依然射向远方。大雾退去

2018 年 12 月 15 日

虚拟病历

过期的药丸滋长。霜降。除了沉淀体内骨折的钢钉
还有一场迟来的车祸。病号 1，病号 2，病号 3
病号 4……病号 99，一了百了。生锈的时间
止住海水，疯癫的母兽。止住麻醉剂，以牙还牙
止住听诊器、输液管、O 型血。月亮
挂在两棵香樟树间。南北，流水不息
急症室、重症监护室、骨科、肝胆内科、1 号手术室
处方笺若干，CT 片若干，通行证若干，叛徒若干
交出皮带、钥匙、身份证，双手交叉
像推进火化池，像雨中被雷劈倒的那棵树，仍旧
在那代人受过。心心念，救世主生于斯，死于斯
像抽空的磁带，省略磁头的嘶嘶声，重新用铅笔卷回去
倒叙。那些和命运有关的大多偏向了命
种子回到腹部，谁提前离开了一会儿

2019 年 1 月 3 日

放 生

巨石上岸，骨头里多出岩石柔软的部分
红的，白的，红白相间的鱼在水里
捣衣声，来自上游。寻常百姓洗净的肉身
如残剩的香根等待拔出。阴影在下
长寿龟岿然不动。稚子虔诚
把放生池唤了许愿池，硬币沉沉
那朵金光闪闪的莲，迟迟未开

2019 年 1 月 15 日

自观篇

临经，观自在。渡苦，复习饥饿和身世
命与运在手掌宕开，心灯点燃，疼痛
在杯底透亮，不轻易示人。玻璃的反光
我看见自己生灭、垢净、增减，直至面目
模糊，像透过一截竖管看见五米外的光
在抵达出口前重重摔了一跤。拄着拐杖的人
正往回挪，陆续有人从下水道里重见天日
无论多少烈酒，他们总能找到城中村的房间
并准确无误地将门打开。他们跟我一样
习惯忍气吞声，习惯麻木，那种持续深入后
碰到坚硬的麻木。“揭帝，揭帝，波罗揭帝，
波罗僧揭帝，菩提萨婆诃！” 心经临毕，墨尽
一池的黑和洗劫一空的影子

2020 年 5 月 14 日

把剩下的电影看完

信，退回给发件人。多余的门藏在钥匙里
敲门声隐退。请进，黑暗中的半张脸
请进，最美的时刻。记忆中的冬天没这么冷
大河门前过，鲑鱼拼命往上游是为了
回到出生地。出生地，落单的乌鸦叫了三声
双膝跪地的男人平静、细致、温柔
琴声抚平无法改道的河床。乌鸦叫了三声
年迈的火车，咔嗒、 咔嗒驶向远方

2019 年 1 月 18 日

树桩之歌

一个人是另一个人身上的树。陈年往事
一柄大斧修剪的部分只剩立命安身
飞禽在上，走兽绕江。脚底的木刺成疮

办完丧事的人原路返回，三缄其口
呈上火化证明书一纸，领取补助八九百一千不等
平民。藩王。阴影。一笑泯恩仇

白云深处，所有坚硬之物都有无法愈合的伤口
时间比树桩牢靠。怀揣于心的匕首
明年今日又将发出新牙

2019 年 2 月 8 日

无　非

反对无效。过期的创可贴在等待流血的伤口
他拆开一个又一个纸箱，把恐惧折叠，再折叠
某种暗藏的力量在一面镜子中迫使他成为父亲
迫使他缩回伸出的手。局外人，一盘残棋的看客
行至半山腰透过草木俯瞰山下人间的晨练者
从一场闹剧赶赴另一场闹剧途中的落伍先知
无非是这样，就是这样。谁的愤怒像一场浓雾
被等待清除，归零。谁把挖出的土重新填回去
生见一回，死见一面，他所有的不幸在于
不能安分地待在家里整理洗漱台或清洗内裤
像一个刚出狱的人回到大街上，再次遇到警车鸣笛而过
仓皇间躲进电梯胡乱按了几个数字

2019 年 4 月 11 日

石头心

比偏僻更偏僻的地方。河床露骨，一部拼凑的默片
在石头下面。我无法说出一个石头内心的舍利子
更完整的表达一直在生长。一条河，众人拦追堵截
光脚卷起裤腿，弯腰翻起石头
典当。押上天赋异禀。在乱世挖出自己
动物的原形，鸟鸣声来自不同方向
万重山，黑浆果开一朵白花
绿色的孩子，前世的水、石头、漩涡
皆在低处，盘坐，掐指，相向而行
悬而未决的事挂在崖间。抬头，举目
坠落的尝试。时光已落回黄昏，乡关何处
渔夫在水中打捞着沉船——
腐烂的腐烂，发芽的发芽，灰烬的灰烬

2019 年 2 月 10 日

身体之树

白花李留在人世的身体，纪念碑和墓园
我沉寂多年的肉身已积攒了足够的花瓣
飞翔与坠落是否有着同样的高度
那些始终无法弥补的部分就留给鼠蚁吧
“死亡也不会传染，但我们所有人都会死”
你说。包括一棵白花李的根部
还有什么不能平复。这是一年中的
寥寥数日，我为自己修剪的盲人花园
已接近尾声，一枚青李压弯枝头，旧悲伤
只剩一截等待发芽的树桩

2021 年 4 月 26 日

走失的象群

从故乡走失的象群，甘蔗林里
节节攀高的孤儿。尘埃，缓缓落在
一件重要的事上，不停往下落。我继续
浪费时间，谁都无法将我从醉酒的悬崖边
连根拔起，主动递上头颅。那些倒退着
奔跑的人啊，与世界作对的仇人啊
那些迁徙、劝退、折返、抵达太阳的通灵者
它们用缓慢丈量原始森林的稠密，也丈量
人心、历史长河。我已无法承受一天天消耗
的饥饿。结痂的伤疤总是在暴雨中醒来
隐隐作痛。迷途知返的象群啊，镶嵌在
巨大漩涡里泪汪汪的眼，迷途知返的脚印啊
伤人乎？“你们中间谁是无罪的人，谁就
可以先拿石头打她。”

2021 年 6 月 7 日

一个人的房间与风暴

谁住进我的白骨，还我清白之身
谁和我在梦中取暖，重申冤屈
一个人的房间，我会重新练习走路
在旧照片中怀念那些消失的朋友
闭口不谈是非对错
只留隔世的仇恨朝自己虚晃一枪

因为恐惧，我的房间变成一场大雾
预言提前散去，五谷尚未破土
尖锐之物陷在一面空空的镜子里
我在镜中空旷的剧院扮演死者
无去来处，旧伤疤在落日深处愈合
折回，像一只甲虫内心不断缩小的
风暴之眼

2021 年 10 月 21 日

动物园售票大厅

避雨的人重新回到铁皮屋
动物园售票大厅，雨敲打着蓝色的屋顶
终于有人在持续的等待中冲出栅栏
像一匹在雨中的奔跑的白马

我们自成牢狱，在一场雨中老去
爱情是婴儿的脸，火车中途返回起点
野猪一样的男人用黑色塑料袋套着
湿漉漉的头，像劫匪在雨中重新夺回
失去的领地

盛雨的银碗越来越少
仙人球满身的刺，我内心的湖水
照着自己和落日，击鼓声流向低处
阵阵巨浪

2021 年 10 月 31 日

第四辑

地方志

丰收记

母亲独自一人坐在玉米堆里
金色的玉米从她的手里一颗颗剥落
在秋风中，母亲低着头，两只手不停地
搓着玉米棒。寒风从母亲的手掌穿过
并没有留下多余的体温
除了两个在外省打工的孩子
除了每天一趟经过村头的班车
除了这些，没有什么能让母亲抬起头来
很多时候，年迈的母亲想起她的两个孩子
就把他们当成了手里的玉米
把她的两个孩子当成了不小心
掉进裤腿褶皱里的两粒玉米
被带到了省城，甚至更远的地方
在那里生了根，发了芽

2016 年 11 月 4 日

陀螺记

清晨。有人在青少年宫前的空地
抽打一只陀螺，他们抽，一鞭一鞭地抽
连续不断地抽，抽一只陀螺，一只铁质的陀螺
甩动手臂，挥动手中的鞭子
抽
仿佛他们抽的不是一只陀螺
而是一头未被驯化的牛，忤逆的儿子

他们抽，连续不断地抽，声音清脆、响亮
大年三十晚上炸开的炮仗，火塘里突然
炸裂的石头，祖母记忆里回荡的枪声
抽
他们不停地抽，声音越来越大，越来越密
他们每抽一下，我的心就疼一下
机器轰鸣

2016 年 11 月 5 日

修表记

给我修表的是一个老头
他放下口缸和抬到一半的塑料勺子
在三轮车的一堆东西里抽出
一片压扁的纸板　开始用
最小号的梅花起子　扭开表背的四个螺丝
他非常小心地扭着螺丝
越小心　手就抖得越厉害
他抬头冲我微笑　告诉我马上就好
扭到最后一个　他不得不
向旁边做针线的女人求助
女人起身　顺势把针插进白头发
右手接过男人递来的起子
把最后一个螺丝　硬生生拧了下来

2016 年 9 月 19 日

葫芦记

在三十五瓦的灯光下　掏空一个葫芦
做酒壶　就像清理自己的内脏
你小心翼翼地用筷子搅动内心　把心事
用力地倒出来

那些方形的葫芦籽带着还未被风干的肉
现实的记忆　空气的养分
落入你手中刚被翻新过的泥土

在两年前的旧花盆里
你把阳光埋进一朵乌云深处
你打算把种子和黑夜像年轻时的梦一样
扔进泥土里　每天浇水灌溉　除草施肥

2012 年 9 月 23 日

马　帮

马帮的铃铛在崖壁上垂直展开，曲调悠扬
夕阳的余晖，铁蹄印在一块块青石上
赶马的人来自哀牢山麓以北。他们带上草料和酒
用布蒙上漆黑的狭道，把沿途的风景和鬼故事
驮到千家寨，火塘边。在一匹年迈的老马上
他们安放了太多东西，包括另一座村庄的盐和茶叶
他们紧挨着内心走过，于树荫下，捧起
十里河的水，把自己重新填满。敲几下铓锣
飞禽和走兽赶回石头里。马帮蹚过西南边地的
不眠夜，马锅头挎着自己的头颅
在驿站的赌场，交出所有的货币和信仰
在清晨，继续上路

2018 年 6 月 24 日

草木间

留下，占山为王吧。明代的炼铁炉
已搁置多年，我内心的生铁早已熔化
压寨夫人，姓氏模糊
真身，已化为流水，那些难言的隐衷
不久，将在这里长满荒草
石头从山顶滚落，把我来过的痕迹
一一覆盖

2018 年 6 月 26 日

猎神祭

啊，猎神，献你以三叉头的松枝
请赐我岩桑木制的弓弩和火药枪
啊，猎神，献你以鸡血
请赐我紫竹制的箭，箭头上土蜂的剧毒
啊，猎神，献你以猪头
请赐我七十二猎兵将，三十六花猎狗
箭已离弓，刀子出鞘，要见血
啊，猎神，请赐我鹰的眼
啊，猎神，请赐我熊心豹子胆

2018 年 7 月 5 日

过陇西世族府

一条无形的绳子。冷兵器，往事缄默
那些习以为常的，散落的铜币、金银、翡翠玉石
总有遗漏。太阳落入旧巢、白虎山、白虎崖
手执鞭子的人从门前走过，牛犊枯瘦
三妻四妾只剩发饰和年龄。剩下的子弹
穿墙而过，青石爬满绿藓
古代的马蹄盛满雨水

2018 年 7 月 22 日

圆明寺

柏树枯。驼背妇人在清洗花被单
门后菩萨可憎，殿前佛祖慈悲
泥瓦匠于卧佛殿头上动土，揭梁瓦
遁入空门的人迟迟未到。这是十二月
农历大雪，香火已尽。西厢楼下
经书未动一字。上上签落满尘缘
池内禁止放生，木瓜花开两朵
我在等一个老和尚，双手合十，颔首
九个戒疤，阿弥陀佛
“从寺庙内走出来，看什么都顺眼了”

2018 年 12 月 9 日

老年使馆

影子后面，是更深的影子，乖戾，野性全无
腹中的婴儿，还未被世界打乱，她有着
抵御干燥的风。是轮椅和拐杖，静止的时间
令人捉摸不定。一对刚卸下的橡胶轮胎
在异乡的颠簸中停下，盐水中的假牙，早已将物是人非
掏空，像一桩立柱，被虫蚁逐一瓜分干净。黄昏
落向死亡背面，他多想在滚来的皮球上踹上一脚
用他填满硅胶的左腿。有人用颤抖的双手
试着剥开一枚砂糖橘，有人正酝酿一场大火
那个不说话，一直盯着墙上看的，好几次把自己
当成了壁画中儿孙满堂的白发老者
黑夜降临，影子入药，热水袋尚有余温
有人比昨天晚来了一刻

2018 年 5 月 16 日

青　铜

大地隆起的部分，无字胎儿。烽火，贵族棺木
青铜之躯收割金黄的头颅。鹰，携带闪电
青铜之骨沉沉坠下，溅起满湖星云
钟声。日出而作，日入而息的土著
古滇国的男巫，赤脚，手之舞之，足之蹈之
影子烙在祭祀广场，逃亡的人不谈宿命
青铜生根，旧桨摇动时光之橹。百兽为邻
豢养在黑森林里的花豹、豺狼、长蛇
死死咬住耕牛、猪彘、幼鹿。缠绕，垂死挣扎
武士盛装佩剑，兽皮铠甲。一尾溯洄的鱼，水的波纹
猛虎躲进内心，众生轮回。未说出的部分
马群兀立，执伞者，有细雨穿过，倾斜
危险暗藏于锋利。吊人铜矛，立犬狼牙棒
吐出复活的咒语。祖先的刀具，还在敲打青铜的子嗣
殷道亲亲，周道尊尊，万寿无疆

2018 年 6 月 15 日

玉元青花

游鱼昨日的倒影，尾部轻摇，荡起
几层纹。醒来时，已是另一个山水和朝代
山水沿腹部溢出，河流清澈。松下
老叟醉卧石上，烈酒入土，墓志铭高过
尘世的半生。寿比南山。理想主义的罐
空谷深处跫音压住喉咙，春风又生
后半夜齐刷刷的雨，雨打芭蕉，也打
走兽、虫鸣。谪仙人的白鹤一去不复返
寺庙居高处。我手中倒扣的青花
大地胸怀广阔。苍茫大野，蓝色火焰
沉睡在一朵莲上，我深陷其中
一颗菩萨的心，被风镂空的人
低头饮雪

2020 年 5 月 5 日

花腰傣

阿妈木制的织布机还在咯吱咯吱转动。
七色彩虹穿过群山和土掌房，
落在小卜哨赶摆归来的细腰腰上。
串寨子啰，串寨子——
木瓜高高枝上挂，凤凰花开一簇簇。
照电筒呦，照电筒——
月光洁白脸上落，两颗心儿成双对。
赶花街喏，赶花街——
银泡丁零身上跳，秧箩饭饭小卜帽。
坐旱田咧，坐旱田——
山歌清冽云中绕，反翘斗笠头上戴。
阿妈的织布机还在咯吱咯吱转动。
七色彩虹穿过群山和土掌房，
穿过古滇遗贵，花腰傣的皱裙。

2018 年 8 月 24 日

在帽天山

南方的河流，一定有什么东西慢下来
沉下来。除了石头。用骨头行走的人从水里
还原出肉身。包括我，这个试图把心脏
安放在两片页岩间抵押的罪人
死亡的司南不再指北。在一顶草帽内部
我手执卷尺和镰刀，收割秋天的野兽
草木无事。饮水的鸟立在的岸边
日光西斜，分身之术已练得炉火纯青
带血的脐带连接着天空、伤疤和废墟
会说话的石头连接着沉睡的孩子

2018 年 9 月 18 日

华宁陶

轮回　几个日夜　水声紧
那具佝偻的裂纹　炉火　纯青
鹭鸟来自曲江　抹平静止的时间
釉色来自明朝洪武　被省略的部分
愈演愈烈的黏土　将熄未熄的灰烬
等待抚平的伤口请戳上封印　置于高处
一切朴素的事物　都是隐遁的诸神
器皿无声　骨和肉装在里面
对禁止说出的事物　请保持缄默
春耕　夏锄　秋收　冬藏　携飞仙以遨游
月白　豆青　乌金　妆粉　描眉　樱桃小嘴
洗尽古今人不倦　将至醉后岂堪夸
守口如瓶里飞出的乌鸦　是谁的身体

2018 年 11 月 9 日

秀　山

青山秀。石头悲切。浪花要拍打礁石几世
才能在碑文里安放一根骨头
三月又飞回燕子，佛塔压住舍利，留老僧
像一株古柏，掸去垂暮之年
杞麓湖边低头吃草的羊群，内心的粮仓
果蔬丰盈。以山为邻的人
世代习惯仰望。江山依旧在，草木
不动声色。诸佛在寺外敲开空门

2019 年 3 月 27 日

秀山在上

德配天地的牌匾下，剥毛豆的老妇人
遛狗的老妇人，沿阶而坐的老妇人
神态安详。石头下的鱼，竹影动
金风细细，片片黄花坠。龙泉珠玑
汲水的人来自山脚，青瓦下的炊烟
复活的时代啊，阳光苏醒的瞬间
财神街的青石板、脆李、葡萄、枣
无花果、糯苞谷、丰收瓜
拔出萝卜带出泥的除了萝卜还有紫薯
讨价还价的，蹬鼻子上脸的，瞟一眼
就离开的。旧理发店的刮胡刀麻利得很啊
花圈、奠、寿衣、金银和财宝
红色的香，绿色的香，金童玉女在堂中
黄氏小锅酒醉人啊，糖人匠的糖浆甜啊
祁家的小女儿指着白纸上的仙鹤
问我，木门后面是仙鹤姑姑家吗？

2022 年 8 月 14 日

在易门

梁州地。凤凰栖枝凤凰树。我无法进入
一滴水的内部。母性的绿汁江，有寺于江中
流水是椎，圆石是钟，迁徙者如一挂蛛网
在上游，改渠，灌溉，呼唤四野
相看两不厌。我内心巨大的裂痕，亟待被挖出的
金矿，两排牙齿间的红舌头。悬崖、火焰和种子
乌云之巢。只有飞鸟能抵达落日在黄昏中降临的
浅滩。一只被幻想折磨的黑脯鱼逆流而上
落叶回到去年夏天。失水的枯木，一位老人
挑起一担江水，我们相认，像走散已久的亲人
谈起黄昏和贝壳里的金光菊

2019 年 5 月 24 日

从岩石缝里还原出鱼、飞鸟和猛兽

从岩石缝里还原出鱼、飞鸟和猛兽
石头城的石头，刀锋耸立、锃亮
我是其中一个豁口。冒昧者闯入
我成了生荣死枯的界碑。他们依次穿过
石缝，像一尾鱼、飞鸟，像猛兽
重获新生

2019 年 8 月 3 日

愁空山

愁空山。万籁寂静。我是占山为王的兽
山有木兮木有枝，我假寐于梨树下
醒来，周身已覆满白雪

2019 年 8 月 1 日

春日过白龙寺遇阮氏姑娘

白龙潭下白龙寺，红墙依旧
阮氏姑娘卸下挑水的担子，我们
在殿前擦肩而过。绿叶荡出绿光
她曾目睹黑山羊与白山羊之战
并把一臂之力分给了白山羊，而她
从不知，那只落荒而逃的黑山羊
是我。两道鞭痕还在心坎
构树果撞上铜钟

2019 年 8 月 7 日

石头从未停止生长

石头从未停止生长，像一个未亡人
持续向上的力量。这些形状各异的石头
被集体举过头顶，金钱豹如闪电
滚下山崖的石头杳无音讯
我成了自己的绊脚石

2019 年 8 月 10 日

龙马观景台看海

鱼形的海，石帆，反面的乌托邦升起
云卷，浪翻，有水怪作乱
咆哮声来自海底。我们报之以歌
张开双臂的人误以为时间已抵达最高处
罗盘偏离心向，太阳剜出一小个出口
看云七十二变，千钧之力

2019 年 8 月 13 日

乾坤两卦上天梯

乾生天，坤生地。我们沿天梯摘下星辰
谁手握爱情谁就发明了仇恨
石匠隐身何处，轮回需几个日夜
我们沿天梯摘下星辰，做一只敞开翅膀
大声疾呼的鸟，推倒命运的喀斯特

2019 年 8 月 17 日

白云生处有人家

大黄狗躺在院子里，给几只幼崽喂奶
其中最小的那只试了几次还是没能挤进去
最后，它转向我，来到我跟前
我蹲下，伸出手，它舔我的手指
仿佛我身上还有母亲的奶水味

2019 年 8 月 19 日

山的倒影藏起一场持续的暴雨

乌云掉落，村庄升起。山的倒影藏起一场
持续的暴雨。在雨中，我与一棵古柏
重合，遇红土顺流而下，遇牙齿一样的石头
就紧紧抱住。在雨中，我退化成苔藓类植物
在雨中，我还来得及把美好的事物
再想一遍

2019 年 8 月 20 日

在龙马溶洞里想到自身的黑和暗

要有多少心胸才藏得住暗河涌动之苦
钟乳石剔透，悬在头顶的一把把利剑
我必须如实交出自己的所为，向内部
更为幽深的鬼斧神工。而面对那些
无法企及的黑和暗，我只能抛出一颗石头
探一探是哪个敲编钟的侍女
住在我心里

2019 年 8 月 23 日

黄草坝龙母箐河哀歌

母亲坐在门前，与群山互换心事
与龙母箐河边的耕牛互换心事
像一块受伤的石头，在春风中打盹
直到燕子飞回来衔走我心中的草木
母亲体内的断崖才有了
痊愈的可能

2019 年 8 月 25 日

三台坡

牛筋条做杖。隐约的墓碑，风水，山神
在侧。道竹林间行，有人家柴门未开
板栗树下板栗壳可生烟，灌木丛中
山茶花可插瓶。我们躬身坡上，如负巨石
如觅食的羊群见到同病相怜的人
大风劲，雾去，春草生。永恒的尘世啊
我们举目，席地而坐，在密密麻麻的
无主之地，指认为家之所

2020 年 2 月 22 日

香柏祠

绿持久，为废墟添砖加瓦。梨花更白
美人蕉更红。大风撤回体内，让出天空的
炊烟，感叹号。人言：“磨难可择，痛楚难免”
顺着树根，我掘出一艘船，流水中立
向下，恪守着祖训。投降者带来容器
待月荷锄归的渐长，晨兴理荒秽的日稀
恶，是历史前进的杠杆，等于拆，等于重建
等于红字，加圆圈。焚烧时间的床单、卷宗
苎麻。木匠的儿子，刀斧手在身后
我打算再次与自己讲和。竖起的塔吊、黑桃 K
还没有屈服的土地，少数暮年
杀伐与耕种，还有那些陌生的名字
泉水在山箐

2019 年 4 月 18 日

大风起兮

我被吹散、掏空、折断、活剥
刀斧之心日益骄固。我是西西弗斯滚落
山崖的石头，被一次次押往山顶，等待大风
从轻发落

2019 年 8 月 27 日

二月，拜谒后山祖坟并俯瞰村庄旧寨

大火烧到碑前就停下了，仿佛有什么力量
牵住了野马的缰绳。王座和旷野在下
臣服的村庄在下，黄昏之门在下
我们在清明种下的柏树，只有一株存活
结痂的日子在生死的边界移动了可有可无的
一小截。我双膝跪地，稽首三叩
树上的一颗青橄榄，刚好，落到我的头上

2020 年 9 月 16 日

嗜血的石头点亮神灵

嗜血的石头，钻木取火的人守护着
火焰深处的游鱼。族人围着篝火
手之舞之足之蹈之。神灵附体
他们命我交出滚烫的喉咙，交出耳边的
情话，交出母羊舔过的盐和
而立的胡须

2019 年 8 月 29 日

兴　蒙

凤凰山下兴蒙，三圣宫前祭祖。碑刻在上
铁蹄从草原迁徙到高山。七百多年
草原上走失的骏马，在杞麓湖畔生衍

先人像立殿，供牛头，供猪头，供羊头，挂红布
肃穆：敬香，跪拜，献哈达

那达慕骑马的男人，摔跤射箭的男人
头戴凤冠的女人怀抱甜瓜。是你

2020 年 2 月 15 日

花涧里

并不见一只鸟的影子。挑向天空的飞檐
雨还在下，一滴一滴，装满
受孕的陶罐，和我久治不愈的心跳
多少人间的火焰在四散逃窜。古老的器皿
植被、花草、木雕、石刻，纷纷钻进
我的身体，带走别离、生死和姓氏
雨后，一盏空碗，五十度的月光一指就燃
游鱼傍山石，细水长流。盛开的桃花
容得下一樽江月，也容得下凡尘
我的尖锐，嗓音沙哑。故乡的钟乳石
已被孤独占领，多出的部分是我
一头狮子放归荒野而不灭的真身

2020 年 7 月 5 日

天堂玫瑰

大水出龙潭。所有干涸都已被浇灌
所有伤口都已被抚平。神龙下凡，上苍护佑
三月玫瑰盛放，可祭祀，宰牛且为乐
正如玫瑰是爱情的象征，远离故土的少年
也闻到了花香，甜蜜的刺和疼。脊梁深处
他们含苞待放的拳头，从不向命运低头
命运之神也垂怜了我的母亲和她曾经的苦难
让她一推开窗就能看到繁花如星点亮夜空
尘世的幸福。我的内心柔软、坚硬，像一座
长满玫瑰的矿山，把爱情藏在花蕊里
而手中的玫瑰是你的舍利，炽热又缄默不语
就像这歃血为盟的男人，相信天堂
是这般模样，相信自己的妻子是天底下最美
的女人，相信锄头和汗水
我的亲人们，勤劳、质朴的一代又一代
他们一生从未出远门。黎明初起，点灯的
一瞬如露，亦如闪电。他们摘下玫瑰
像亲吻两片怒放的嘴唇

2020 年 9 月 24 日

第五辑

江水逝

夏至，在戛洒江边

江水浊。临江而居的人家，还未钓起
理想中的大鱼。在江边行走的人，本打算
只湿鞋，不湿身。此刻，他正用扁石
在江水上打出水漂和年轮。上游的一截浮木
来自遥远的故乡。江水顺流而下
绣花的鞋垫上写着谁走失的一生？
在江边挑选石头的人，弯下腰，捡起自己
或投到江中，或放下，仅仅把自己挪动了
几步

2018 年 6 月 23 日

白龙潭观流水

白龙驮来流水，鸟鸣新鲜如瓜果
我们从龙马巨舟回到岸上
赤脚，与短兵相接。我这个手无寸铁之人
俯身从流水里取走枯叶、春天的种子
和三十个昼夜

2019 年 7 月 18 日

江水逝

雨水来自另一条江，那尚未说出或永难启齿的
几树桂花需要深呼吸并加以想象。内心
装满火药四处寻找火把的男人，终其一生
也没能点燃自己。江水东逝，祭台冷清
祖先的铜像屹立在岸，两江交汇处
晚祷声会持续一会，但不会太长

2019年2月15日

他甲行

松木成林，不枯荣。投石问路者逆流而上
女巫、赤豹隐身于流水。红沙石开路
马蹄声自云端来。你是信马由缰的浪子
只在水中打捞自己。你是层层垒砌的石头
坐定，以草木遮望眼。你是溃败闲置的渔网
得青苔周身，得山茶几瓣白。终究
空手而归，如一座瀑布内心持续的轰鸣

2019 年 2 月 19 日

石门峡听水

上帝之斧将巨石劈开。苍天多暮色
两壁间，老渔夫的船迟迟没有升起
大海的粼光如瀑布般垂下，太阳的影子
击鼓声在群山之巅
南方的河向南流，它用满头白发跟我交换
镂空的心事，那个还未抵达的地方
竖石在我体内，盖了一片坚硬的房子
流水是骨

2018 年 6 月 25 日

南恩瀑布

众鸟归林，涉水而过的人死于水上
我是抽刀断水留下的豁口，折断、倾泻、愈合
拂尘已出，粗暴的嗓子喋喋不休，在我头顶
我是肉身带刀修行的苦僧。空山不见人
南恩瀑布像敲木鱼一样
敲开山水的天灵盖，沿途带走一切枯朽之物
白发三千

2018 年 7 月 12 日

练江北

离天远离地近的人围坐一起，乱世中走散的亲人
围坐一起，用一张方片 3 取暖，炒自家地的地皮
翻小二的身。楚河汉界，井水不犯河水
白棋黑子，断舍离，给流水也算上一卦吧
看一截丝瓜怎样由绿变枯，看笼子里的鸟
清理最后的羽毛。锈迹已爬上头顶
他们曾是田间不可多得的拖拉机手，他们中
肯定有一个留长发的少年，肯定有一个
穿碎花裙的姑娘，有一个隐于南瓜架下的母亲
青丝暮雪。大门钥匙，爱心卡，心脏起搏器
拔节之痛。祖屋，请留住，有些顽疾才有药方
去痛片、针灸、盗汗，万事俱备
以往之不谏，来者之可追。在练江北
他们划一艘船，破铜烂铁，朽木之躯，大而无用之物
只是在谈到黄昏、生死、十字镐一类时，他们总是
停下手中的牌，习惯抬起头看看天泉山后的
青烟
河床之下，人群仍在聚集

2018 年 10 月 20 日

春　日

我们努力辨认那些亚热带花卉和植物
红千层。海桐。迷迭香。朱顶红。天竺葵
我们努力辨认那些亚热带花卉和植物
红花檵木、吊兰、火棘、杜鹃、鹅掌柴
辨认它们的学名别称，界门纲目和生长习性
我们努力辨认它们：满天星、含笑、金樱子
像一个初为人父的男人，需要摁住内心
狂乱的心跳。你看，孩子们在花丛中
雨水，在需要它的地方
落下

2019 年 2 月 26 日

寻高鲁山

1. 过旧寨水库

偷渡者失足。垂钓者点灯。四野静寂
偶尔晃动的树影，石头咬住石头不放
万古之水，容身之地在兹，葬身之地在兹

2. 山中

草木之上，我们成为枝繁叶茂的一部分
流水之身荒芜。盗土的人，留下白银
一锭

3. 登迷途

群山之巅定有大德，施布，超度春天
我们是迷途知返的众生，原路退回时
喊出了声

4. 嬗变

蛙声一片，还不到时候。黑皮肤的
蝌蚪蜕去尾巴，黄皮肤的蝌蚪蜕去尾巴

岁月了无痕。它们都会有一副好嗓子

5. 遇老者牵驴过黄草岭小道

一枚铁钉，像贫穷扎进一头瘦驴的四个
脚掌。那些尖锐、带刺的，总有一天
要被石头磨平

6. 雨山前

看不见的鱼在游动。细雨
那些打湿的地名仍旧保持着原始的沉默
王的女人，不见踪迹

7. 稻草人

扒开稻草，或许我还会发现
那个藏得完好无损的
少年

8. 翔鸟

我们是携带青铜飞翔的鸟，护送体内
锈迹斑斑的灯盏，到山顶
交出所有罪证

9. 山坡羊

那只虚无的黑山羊拴在哪棵树下
它咩咩的叫声，等着我
去解开

10. 拔节之痛

拦腰掰断的蕨类
还未停止
生长

11. 马缨花

春天的红舌头、白舌头、粉舌头
一朵朵绽开。那么多急于表达的舌头啊
妖言惑众的舌头

12. 核桃之歌

核桃树长出绿色的词语，如柱低垂的花
大风只来得及吹乱我的头发。关于炸裂
瓦解和铁，至少要到七月，甚至更久

13. 局外人

猛兽经过流水的腹部，大地净远
化繁为简的山林可凿几口棺柩
装下我们的新伤和旧疾

14. 近春分

我们结伴去深山，取经，没披袈裟
用树枝代替禅杖，一步一步
逼出身体里用以还俗的毒刺

15. 余生

流水不断搬来泥沙和船只

2019 年 3 月 10 日–2019 年 3 月 26 日

暴雨（其一）

擦拭马匹的乌云，内心种着闪电，也种着
棉花。大雨落幽燕，惊弓之鸟藏于芭蕉林
层层如履。脚印如脐带、血液
泥石流死死地抱紧某颗牙齿，借助暴力
她要撼动根深蒂固的失眠。倾盆而下
避雨之人在树下敲打锄具，蓑衣全湿
漏网之鱼，四野寂静，万事已成
母亲的年轮被雨水冲刷、掩埋、照亮
黄昏，正逆向驶来，从积满哀怨的雨水里
捞出陈旧的钟声

2018 年 5 月 12 日

暴雨（其二）

风声紧，春天到站。瘦马驮来花粉
过敏症和鼻炎。暴雨如鲠在喉
伐木工锯断不惑之年，驯兽师的鞭子
抽打乌云。圆舞曲飞起来，裙裾飞起来
移动的靶心飞起来，铁门环飞起来
声声雷鸣反复于何处？一枚银锁
挂在妻子胸前的白色闪电

2019 年 4 月 8 日

元　江

流水是三年前的。隔岸观火的人捡起一粒卵石
丢进我的内心，试图从我身上辨认一条江
勤劳的人把江水运到山上，勤劳的人把水神请到
家中。落日在烛台上，落日暗藏飞鸟
我们是暮色中的种子、河床、泥沙和水
一只金凤凰拒绝现身。我们在一条江里搬运自己
谈论潮湿的往事、大风和虫鸣唧唧
上游的雨水繁茂且充沛，我们并没有像
日复一日的生活，清澈见底。谁来投我以木瓜
我必报之以琼琚。木瓜啊木瓜
谁来与我对饮，只取一瓢。谁来与我对饮
江上清风，山间明月
我们用了一个时辰，或者更长，把夏天
稍稍挪动了几步

2019 年 4 月 23 日

落　日

落日，替万物镀上金身。庞然大物
也包括我这颗旧石头。大雨落幽燕，山河破碎
谁借给了我坏脾气，却忘了借给我刀
路人临水整顿衣冠，他们目睹了水中的倒影
那些死去的名字，并排，站在一起
公园的木椅子上，多出的宣传单
衰老，坐在上面，初生的婴儿，坐在上面
万物生。老家的房子等着添丁加瓦
“灵魂拖着沉重的肉身”，他说
像落日，一只十五瓦的螺口白炽灯

2019 年 4 月 28 日

透明的鱼

巨网啊，已撒下，我是打鱼人的诱饵
每一条透明的鱼都试图把自己挂上去

一定有这样一群透明的鱼，穿过河流
身体变成湿漉漉的故乡、羊肠小道和炊烟

河流，已用去一半
愿者上钩的人还未镀上不老金身

2019 年 9 月 7 日

槽子河

河，是槽子河。赤日，风吹杨柳
裁行云，剪流水。磨刀石上
有人枯坐，磨良心
拇指再三试过锋利的河水
鹭鸶扑棱的一身白

2019 年 9 月 20 日

山水引

一路向南。我们穿过
曼萨河、南溪、大风垭口
穿过墨江、布陇箐、老苍坡、镇沅
穿过宁洱、那柯里、刀官寨、香河
穿过南岛河、大渡岗、松山岭
南糯山、布朗山、基诺山
更准确地说，应该是这些山水
一个一个穿过我们
像络绳穿过一串菩提子

2019 年 10 月 2 日

澜沧江

投石问流水。那些弃置的船木
被大小不一的石头绊住
桥上隔岸观火的人，来来往往
桥下独钓的男人，点灯，抛竿
偶尔看一眼竖起的浮漂
和将要上钩的
人影

2019 年 10 月 4 日

往事带着雨水

往事带着雨水。一只水鸟，从河的另一边
飞来，触到玉米叶上飞翔的闪电。活着的人
与死去的，似乎只隔着眼前这面镜子。村庄
就倒挂在里面，像一串紫色的葡萄
一头牛脖颈上的铃铛，早已卸下，我
身在何处？不孝之子，一个熟睡的婴儿
举起双手，在头顶处仿佛握住了什么
行将就木的老人，雨从屋檐一颗接一颗
落下，在火上取暖的只剩下瓦片和
倒挂的三脚架。倒挂的，还有一些，他们
拧紧水龙头，雨水遭遇堵截。还有一些
比如枝丫上的青核桃，总要等到八月
才裂开，掉下来。而我，又回到了雨水中间
体内暗藏的枪眼，暗流，又将在哪里
汇聚成江河

2017 年 8 月 19 日

关于一条河的记忆

把我推向水的最深处，关上门
由水草和锋利的石头，切割一片树叶
我听见骨头开出的花朵，一滴一滴
铺满干涸的脊背。那些失足
落水的孩子，他们无法逃出
一口深井，世代的族谱，一条草鱼
闪光的鳞片。关于一条河
被打捞的不止三月的杏花
还有十二月的鸟鸣。被灌溉的不止
蜜蜂的油菜花和村庄，还有一个
下雪的灵魂。如果灵魂太重，就分一点给
守夜的猫头鹰，无家可归的人
如果灵魂太轻，就分一点
给红尾巴的鱼、绣花针和缝衣线
那些白色羽毛的鸭子，整夜失眠的
绿皮青蛙，它们的叫声换了一拨又一拨
也没能叫醒你，从七岁的记忆里

2016 年 12 月 19 日

本在河

落日流成本在河，长年疾走，仪式，灵魂出窍
把城堡从河底挖出，堆积成尸骨。把河水
重新挑回地面。隔岸观火的人们，只捞起
半个月亮和一张年代久远的照片
深渊，再向下，飞去天堂
前行的人与后退的，会为他点燃冥灯
心事终究要化成淤泥，鼓面仍旧笼罩着万古愁
谁的酒瓶还没装满酒？身体之外的驿站
已转投人世。哪一条岔路通往熟悉的往事？
风吹散的一部分，另一部分在水里，变成盐
瓦罐、白鞋子、脱缰的水马，一生
都未潜入某个名字的倒影。而每个夏天
都有一枚青杏，落入河中

2018 年 5 月 28 日

独　钓

累累疤痕。放长线钓大鱼的人在暗处
枯木几经折断，变形。佛光侧身
看一眼水中的颅骨，他看见自己在湖底
点燃火线。大风尽，乌桕果炸开，秋已深
楷一横，隶一竖，抽刀断水
起竿，用刑，像取走死者身上的铁器
像拔出供桌上的灯芯
万事了然

2018 年 9 月 18 日

大风歌

风鼓起带花的窗帘
像一个孕妇。大风吹落初春的
枯叶，如雨声敲打铝制的房檐
牧羊人的短笛吹了一下
风钻进哑石
黑山羊在南山
白山羊在天上

2020 年 3 月 8 日

雨　中

暴雨冲刷着大地洁净的部分。一纸
空文。日子在雨中发芽，树木弯向地面
雨中的白手套从整块巨大的乌云里漏下来
窗外笔直的木瓜树，枝头结满青色木瓜
交替出现的失眠，沿母体流向低处
旧雨登上巽峰，敲响普华寺的巨钟
钟声钝，布谷鸟清鸣。雨水流过
一个人的中年，带走暴脾气和无力的悲伤
那些顺江而下的落叶，多像被雨水滋养的鱼
房檐下，父亲冒雨取回草帽和柴垛上的镰刀
湿了大半个身

2020 年 5 月 2 日

北　海

流水之上，我失去的日子将重归于我，包括
血液、哭泣和盐。大海正承受我的椎心之痛
夕阳在水面添了一把柴火，灰烬不知归处
涨潮时谁带来了心事，一地碎银似柳絮
随风飘动。沙箭鱼穿过来，又随海水退去
船夫调转船头，他有着深蓝色的骨头和忧郁
连着船身，我这块生铁需要多少捶打，才能
从海水淬出一把好刀。珍珠和蚌，码头上的
元首和商贩。行将就木的垂钓者，弓身钓起
水中的太阳，他身后的影子多么像一个熟睡
的婴儿

2020 年 10 月 30 日

傍晚降雨

稀疏的头发。暮色。中年。了无打伞之意的鱼
在雨中成了看守自己的囚犯，他在试着
接受不幸和罪过，接受脚印和带血的淤泥
“我们生而破碎，用雨水的针线来缝缝补补”
他说。那些新鲜的伤口下，埋伏着旧管道
巨大的发动机胃里藏着一公斤炸药的轰鸣
钻木取火的仪式直抵心脏，重型卡车
运走生命的花岗岩——去向不明。挖掘
挖掘机持续深入地挖掘，总有一种生活需要被
重新挖掘出来，等待分娩的人在一棵榕树下谈论
另一棵榕树。远山顶上，白雾升至半山腰
鸽子扑棱棱飞回鸽棚

2020 年 11 月 3 日

立冬的雾

天空坍塌的时间，退下阵来。首先是群峰
举起森林般的手臂，溃逃的影子骤合成大雾的军队
越来越多的影子加入，又在暗中
预谋撤离。一匹棕色的老马，收回昂起的
头颅踏过孤独的余生。弥斯特带着旨意填补
人间的凸凹之地。拔出一截灯芯，迷雾顺着
河道搬运漩涡，搬运内心的城堡。消毒水
渐次泄露和解开，汩汩而出，衰老渗入年龄和皱纹
我心藏大恶，天似穹庐。旷野之上，种子成为
坚硬的一部分。岛屿与暗礁，房间里的大象
周身覆盖面具，那条险些涌出的江河
又倒灌回我的身体

2020 年 11 月 11 日

近秋分

给大地挂上无数银锁和吊坠
秋天在雨的后面，我凸凹的一生
都在拒绝落叶。坦途还未被填满
向内转。我试着追随一滴雨的弧度
在相逢无期中，我不知道发福的中年
还剩多少雨水可以金盆洗手
去除一场在纸上浸开的大雾
还有雾中渐渐变黄的日子
黑白照片裂开的边框
在雨中，我变成一截枯木
雨水长出木耳黑褐色的耳朵
我在指挥一场暴动
正如二十年前在岩石上刻下的名字
已长满青苔。她裸露的腰肢满身山水
如同白鹭惊飞。流水顺势拔出
深嵌我内心的那根刺
这一过程，足够耗尽我三分之一的雨水

2021 年 8 月 18 日

雾与悬崖

雾的尽头是悬崖。万劫不复之地
人去楼空之所。我像一个盲人
走在一截河流
中间

2022 年 1 月 2 日

金鱼缸

街上流动的人，一个又一个
动宾短语。水流最终会转向
不知名的某处
半透明的边境线上，想象的雾霭
一场大火。红嘴鸥在头顶回旋
嘶鸣。海浪打在木桩上
渔舟倒扣，从天空抛下陈旧的锚
太阳沉入水底，鱼缸里
是它留下的金光一现的匕首

2023 年 3 月 28 日

秋天是一根稻草

蚌里没有珍珠。我的童年
被时间的巨兽捞起
网。稻谷金黄。向日葵的头颅
抵不住蓝天的蓝、白云的白
而浑水，更适合摸鱼
更适合深陷水牛钟乳石般的脚印
石榴河岸，苍耳繁茂
姑爹手中的绿龙葵，清苦消毒
他的一生，悬挂着太多隐忍和
神经质。转瞬，暴雨将至
沉默是随风的柳木
轻轻拂过水面。一滴雨
落进另一滴雨
眼睛里

2024 年 9 月 19 日

祭坛之上

钻木取火的祭坛之上，有我
秘而不宣的身世。喊山，喊魂
八方，六畜，五谷，出生地
经文和训诫唤醒族人内心深处的猛兽
群山连绵，大雾笼罩村庄的黎明
巨石布满年轮的擦痕
滴血认亲的人啊，刀刃划过流水
抚平锋利。长号当歌的人啊
腮帮鼓胀，是遗愿，是箴言
献上牛头，献上羊头，献上猪头
献上铜鼓三声。火把起，花鼓响
太阳的烈焰洒满山巅
奔跑的虎豹是它的臣民
和子孙

2024 年 9 月 15 日

练江水

江水立白鹭。桥上行人，桥下流水
光阴浑浊。奔波，是亟待点燃的火焰
古柏的倒影，箭矢和果
行走的陌路，阿普笃慕神像犹在
西风、北水、东土、南火
滔滔不绝的江水来自我的故乡
散失的刻度，磨损的骨骼，发黄的经卷
弄扁舟。流水之上住着我的亲人
不断滑落又继续翻滚的
是上游放生的鲫鱼，剥掉鱼鳞
带着人生、命运、族谱
蛰伏江中。“水面起浪，水下卧心”
落日。谁的心，正与影子
做一次盛大的告别

2024 年 9 月 21 日

总有人留在过去

倾斜的事物。我推着自己的影子
把棱角磨平，把愤世和嫉俗藏进紫色的
花蕊。深渊在左，是谁点燃内心的荒芜
引火自焚？落日正掉进飞鸟的归巢
人到中年，我似乎已学会将时间拨慢
只在烈酒中放养野兽。此刻，城市的
空房子从我的眼里掏出一盏又一盏灯
清明已逝，久别重逢的亲人又将
分离。谷雨未远，那些湿漉漉的往事
正蓄势待发，而总有人留在过去

2025 年 4 月 15 日

图书在版编目（CIP）数据

镜中的老虎 / 李发荣著. -- 武汉 ：长江文艺出版社，2025. 7. -- ISBN 978-7-5702-4030-2

Ⅰ. I227

中国国家版本馆 CIP 数据核字第 2025TG8727 号

镜中的老虎
JINGZHONG DE LAOHU

责任编辑：胡　璇　　　　责任校对：程华清
封面设计：源画设计　　　　责任印制：邱　莉　王光兴

出版：长江出版传媒　长江文艺出版社
地址：武汉市雄楚大街 268 号　　邮编：430070
发行：长江文艺出版社
http://www.cjlap.com
印刷：湖北新华印务有限公司

开本：880 毫米×1230 毫米　1/32　　印张：6.5
版次：2025 年 7 月第 1 版　　2025 年 7 月第 1 次印刷
行数：4704 行

定价：58.00 元

版权所有，盗版必究（举报电话：027—87679308　87679310）
（图书出现印装问题，本社负责调换）